あなたの願いが叶う

波動の法則

The Law of Hado

市村よしなり。
Yoshinari Ichimura

VOICE

すべては
振動している！

すべてのモノは、

固有の周波数と波形を持ち振動しています。

また、感情も物質と同様に、

固有の周波数と波形を持っています。

それぞれが周波数と波形の違いであり、

すべては「波動」なのです。

波動は共鳴し、共鳴しあう波動は引き合います。

だから、

あなたの心が欠乏の波動を出していれば

欠乏という現実が共鳴して現れ、

あなたの心が感謝の波動を出していれば

感謝したくなるような現実と共鳴して現れます。

あなたの心の振動数を変えることで、

共鳴する現実が目の前に起こること、

それが「波動の法則」です。

本書は、これまで私、

市村よしなり。の人生に最も影響を与え、

ライフワークとして研究し続けてきた

波動をテーマに、

好評をいただいた前著

『あなたが宇宙の創造主^{クリエイター}』で伝えきれなかった

「宇宙の法則」をさらに追加し、

私が知ったこの世界のすべてを綴った本です。

この本は、

最初から順に読み進めなくても OK です。

偶然開いたページに、

あなたの波動とシンクロした

メッセージが現れるように、

短い文章であなたの心への問いかけを

散りばめています。

この本は、

今この本に出会うために、

あなたが創り出した、

あなたのための本なのです。

市村よしなり。

◆ Chapter ◆ 3

波動のヒミツ

Contents

✦ Chapter ✦ 6
時間と波動

Contents

Chapter 7
健康と波動

Chapter 8
369の波動法則

✦ Chapter ✦ 9

真実

Contents

✦Chapter✦ 10
目覚め

✦Chapter✦ 11
未来の世界

✦ Chapter ✦ **12**
望む未来を創る

Contents

✦ Chapter ✦ 13
宇宙と波動の法則

Chapter
1
波動の
法則

あなたの心の波動によって
共鳴する願いが叶います。
それが「波動の法則」です。

波動って何？

　私は3歳から瞑想をはじめ、小学生でゲームのプログラ
ミングをしていた変わった少年でした。

　そんな経験から、目に見えないものを"見える化"する
ことに昔から興味があり、IT会社を経営しながら、「波動」
についての研究を行ってきました。

　波動をデータ化し、見える化できる、さまざまな波動機
器を研究し、5千名分以上の波動測定データを見て確信し
たのは、「すべては波動である」という真理でした。

　すべてのモノは最小単位である回転する電子（素粒子）
からできており、それぞれ異なる回転の軌道を持つ電子
（素粒子）の振動の違いによって、それぞれ異なる物質とし
て私たちには見えているのです。

　すべての物質は「固有の振動」を持っており、この「固

有の振動」のことを波動と呼びます。

　さらに、目に見える物質だけでなく、目に見えない感情や場のエネルギーでさえ、固有の波動を持っています。

　私は経営者や個人のコンサルを20年以上行う中で、「どうすれば一番良い結果が出るのだろう」と常に自分でも実験し、クライアントの結果も分析してきました。

　スタート当初は、過去を分析し未来を予測する従来型のコンサルを行っていました。

　しかし、そのやり方では、クライアントの成果は頭打ちとなり、仕事だけにフォーカスするあまり、「人生の幸せ度」が落ちてしまうことがわかったのです。

　そこで、すべての根本原因である波動にフォーカスし、心の波動を整えて、未来のビジョンを思い描き、未来の波動にシンクロして感謝するなどの「波動の法則」を取り入れ、コンサルのやり方を180度転換しました。

　すると、驚いたことにクライアントの中には顧客が10倍に増えたり、売上が100倍になったりする方々が登場しはじめたのです。

　また、今までいくら頑張っても叶わなかった夢を叶えら

れる人も続出していきました。

　それからは幸せ度が大きくアップしたというクライアントの喜びの声をたくさん受け取るようになり、私自身も、波動の法則を日々の仕事や生活の中で実践することで、たくさんの願いが叶いました。

　心の振動数を変えると、現実が目の前に起こってきます。
　あなたも、波動の法則でぜひ自分の夢を叶えてください。

Chapter 1 ✳ 波動の法則

すべてのモノは
素粒子からできている!?
～すべては波動から成る～

すべての物質は原子からできており、

原子はプラスの電荷を持つ陽子と、

マイナスの電荷を持つ電子、

電荷ゼロの中性子の3つから成り立ち、

さらにそれらは最小単位である

素粒子からできています。

ノーベル物理学賞を受賞した

物理学者のシェルドン・グラショーは、

最も大きいものである「宇宙」と

最も小さい「素粒子」が、

実は頭と尾でつながる「ウロボロスの蛇」のように

対極にありながら密接な関係にあることを

示しました。

宇宙の謎を解くには素粒子の研究が不可欠であり、

素粒子の謎を解くには宇宙の研究が欠かせません。

原子を回る電子が

恒星を回る惑星と同じ構造を持つように、

世界は「フラクタル

（一部が全体と相似的な構造を持っている）」な関係にあり、

ミクロがマクロと同じであったようなことが、

最先端の物理学でも明らかになってきました。

すべての素粒子は振動しており、

波の性質を持つ「波動」です。

あなたの心の波動が

この宇宙を創っている根源なのです。

シェルドン・グラショーが提唱する 「自然の階層性(ウロボロスの蛇)」

素粒子
Elementary particle

クォーク
Quark

原子
atom

分子
molecule

遺伝子
genes

細胞
cells

生物
organism

大地
volcanology

地球
Earth science

太陽系
Solar System

星雲
stars

銀河
Universe

自身の尾を飲み込む「ウロボロスの蛇」とは、
はじまりと終わりが一致することから、
永遠・完全・不滅を象徴している。

出典:「名古屋大学理学部　大学院理学研究科/多元数理科学研究科サイト」
https://www.sci.nagoya-u.ac.jp/ouroboros/より

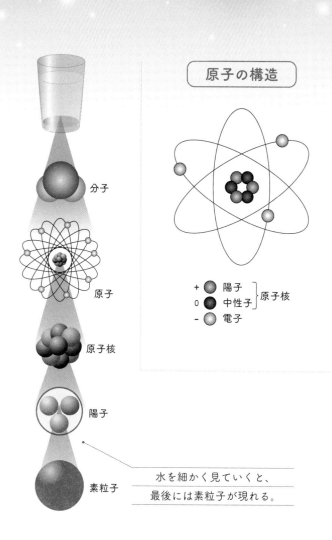

原子の構造

+ ⬤ 陽子
0 ⬤ 中性子 ⎫原子核
- ⬤ 電子

分子

原子

原子核

陽子

素粒子

水を細かく見ていくと、
最後には素粒子が現れる。

引き寄せよりスゴい
「波動の共鳴」とは!?
〜理想の未来と共鳴しよう〜

「類は友を呼ぶ」ということわざがありますが、

2つの「ラ（440ヘルツ）」の音を出す音叉を2つ並べ、

一方だけを鳴らすと、

離れたもう一方の音叉も惹かれ合うように、

ひとりでに鳴りはじめます。

これが共鳴の原理です。

また1オクターブ下の

「ラ（220ヘルツ）」の音を奏でても音叉は共鳴し、

ドミソなどの和音の場合も

周波数は倍音の関係として心地よく響き合います。

人間関係においても、

和音のように心地よい人もいれば、

不協和音のように合わない人もいるように、

「波動の共鳴」で成り立っています。

波動が合うもの同士はお互い惹かれ合いますが、

どんなに近くにいても、

波動が合わない者同士は仲良くなりません。

逆に、波動は遠く離れた場所でも共鳴し

引力のように引き合うこともあります。

「シンクロニシティ」と呼ばれる

何億分の1の確率しかない

偶然の出会いが起きるのはこのためです。

だから、未来の理想のあなたの感覚を今、

味わい共鳴してください。

すると、望む未来が引き寄せられて

現実化しはじめます。

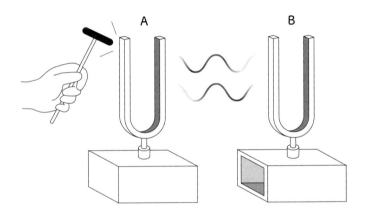

音叉の共鳴

A B

同じ周波数を持つ音叉は共鳴し、
1つを鳴らすと他も勝手に鳴り出す。

波動は
高くなくてもいい！？

~ 脳波が低いとリラックスする ~

振動数が高いほど周波数は上がります。

でも、脳波は下がるほどに

イライラは消えてリラックスできるように、

常に高い波動がいいというわけではありません。

重い⇔軽い、荒い⇔繊細、

硬い⇔柔らかい、強い⇔弱いなどは、

振動数や強弱、波形により波動の種類が決まります。

人も皆、違った固有の波動を持ち、

感覚でその波動を感じています。

ファーストインプレッションは見た目だけでなく、

その人が発している波動的情報を読み取っています。

ありのままの自分を受け入れるとき、

あなたは、あなただけの波動として

軽く強く輝き拡大します。

軽い波動・重たい波動とは？

～高い次元に意識を合わせると好転する～

「波動が重たい」とか「波動が軽い」というのは、
どういう意味でしょうか？

波動にはさまざまな波形があり、
周波数が高いと短い波形、低いと長い波形となり
さらに強さや形も異なるように、
波動の種類は無限に存在しています。

軽い波動とは、こういう周波数だと
一言で言えるものではありません。

小我から大我へと意識が拡大していくとき、
波動が軽いと感じ

ちっぽけな小我に意識を閉じ込めようとするとき、
波動が重いと感じます。

意識を拡大させて
高い次元に意識を合わせることで、
すべては好転し軽やかに進みはじめます。

世界を映す
意識の波動とは？

～物質も感情もすべてが波～

量子力学では、
すべては「波動」であると証明しています。

「２重スリットの実験」では、
素粒子は観測者がいるときには物質化し、
観測者がいないときは「波」として振る舞います。

すべては波の動き＝波動から成り立ちます。
すべての物質は固有の周波数＝波動を持ち、
目に見えない感情も
固有の周波数＝波動を持っています。

あなたの意識の波動がこの世界を投影しているのです。

2重スリットの実験

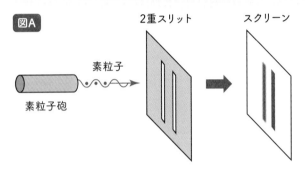

図A

素粒子砲　素粒子　2重スリット　スクリーン

素粒子砲をスクリーンのある方向に向けて撃つと、スクリーン上には2本の線が現れることが予想される（図A）。しかし、実際にはスクリーン上には粒子状の波模様が現れる（図B）。これは、粒子が波のような動き方をするために、波と波が重なることによる明暗で縞模様ができるために発生するもの。

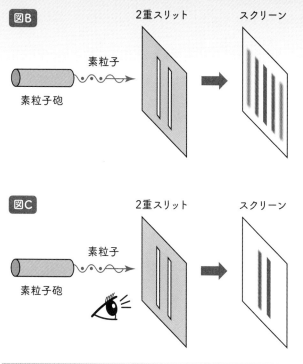

図B 2重スリット スクリーン
素粒子
素粒子砲

図C 2重スリット スクリーン
素粒子
素粒子砲

次に図Cのように、スリットのボードの前にカメラを設置すると（観測者の存在を設定）、スクリーン上には図Aのように2本の線が現れる。つまり、素粒子は波でも粒でもあり、観測することでその状態が変化するという実験。

出典：「あなたが宇宙の創造主」

モノには
意識がある!?

〜原子核＝意識＋意志〜

「すべてのモノには、魂が宿っている」

これは日本に古来から伝わる考え方ですが、

実は原子核をつくっている「陽子＝意志」であり、

また、「中性子＝意識」であることが、

最先端の波動測定からもわかっています。

人間だけでなく、動物、植物、鉱物に至るまで

すべてのモノには「意識」があるということが

証明されているのです。

調和した、まるで凪の状態の意識（中性子）が、

何らかの意志を持ったとき、

その波動が陽子によって周囲に発振され、

その波動と共鳴するカタチを

電子の回転を伴って物質化するのです。

日本神話のイザナギとイザナミのように、

意識（ナギ）が意志（ナミ）を持ったとき、

すべてが生まれます。

自分の内側に意識を向け、

ゆっくりと息を吐くだけで、

調和のとれたニュートラルな

本来の状態に意識が整います。

その時、あなたの意識は

インスピレーションを受信できます。

その閃きをもとに意志を持ち行動することで

奇跡は起こります。

一瞬で波動を整える方法

～どこでもすぐに波動が整う～

① 柏手を打つ

② 掃除をする

③ 「ありがとう」とつぶやく

④ 過去を憂うのをやめる

⑤ 「今ここ」の一瞬に意識を置く♪

Point

波動を整えるのに、長い修行や瞑想も必要ありません。柏手を打つと場の空気は変わり波動がクリアになり、掃除は気の流れを整えます。そして、感謝の心で今ここに意識を置くことで、乱れた波動は整います。

波動をさらに整える無料の補足動画をご用意しました。右の二次元コードから LINE 登録してご覧ください！

Chapter

2

波動を
上げるには？

波動が上がると
心と現実は軽くなり
意識は拡大します。

波動が上がると
大我につながる

　波動が上がる、下がると言いますが、どういう意味かわかりますか?

　万物は振動しながら特定の波形と周波数を保っています。

　目に見える物質だけではなく、感情にも特定の波形と周波数があります。

　つまり、すべては「波動」で決まるのです。

　波動が下がるとき、人の意識は低次へ下がり、小我の欲求が湧き上がって自分だけよければよい、得か損かという3次元世界の刹那的な生き方となります。

　一方で、波動が上がるとき、人の意識は高次へと拡大します。

　その時あなたは大いなる我＝大我とつながり、創造主の
意識で主人公としての人生を生きることができます。

波動を下げないコツ

～エネルギー・バンパイアとの向き合い方～

周囲の人からエネルギーを奪う

「エネルギー・バンパイア」と呼ばれる人は、

自分でエネルギーが作り出せないので波動が低く、

被害者としてふるまったり、

依存や嫉妬による自分勝手な行為をしたりして、

迷惑をかけることで注意を集め、

無意識に相手からエネルギーを奪っています。

そんな人の言動に

「自分が悪いのかも」と自らを責め、

なんとかその人との関係を変えようと

努力すればするほど

相手の被害者としての行動はエスカレートし、

あなたは加害者となって波動も下がり、

現状は変わりません。

そんな時は、

どれだけ理不尽な行為をされたとしても、

感情的にならないことです。

同情も必要ありません。

真の意味で、その人を信頼してください。

その人はただそうしたかっただけで、

あなたが悪いわけでもないからです。

さまざまな感情や体験を味わわせてくれる

人生の登場人物に感謝し、

常に波動を高く保つとき、

あなたの世界にいるその人も変わります。

波動を上げる
場所とは？

～心地よい場所へ行く～

あなたの居心地のよい場所はどこでしょう？
あなたがしっくりくる場所の波動が
今のあなたの波動です。

波動が下がると散らかった部屋を好み、
雑然とした場所や陰気な土地と共鳴します。
もし波動を上げたいなら、
未来のあなたの波動にしっくりくる場所を
探してください。

美しく眺めの良い場所や神社仏閣、
代々栄えるお店や３つ星レストラン、
最高級ホテルなど

少しだけ今の自分には敷居が高く

緊張するぐらいの場所も

波動を上げるのによい場所です。

自己否定をせず、

無限の可能性を持った本来のあなたの波動と

シンクロさせてください。

その時、あなたの波動は上がり、

閉じられた意識は開かれ拡大して

人生はより軽やかに変容します。

波動を高める
モノとは!?

~身近なモノで波動 UP~

すべてのモノは振動しています。

それでは、自分の波動を高めてくれるモノには

何があるのでしょうか？

「塩」は、浄化作用が強く

古くから邪気を払うために使われてきました。

部屋などに盛り塩をしなくても天然塩を摂り、

バスソルトなどを使うのもよいでしょう。

「麻」は、日本では古代より

神事にも使われるほど波動の高い植物です。

麻のハンカチやシャツ、シーツなども

波動を高めてくれます。

「炭」は、消臭効果とともに

電磁波を除去する力を持ちます。

竹炭などは、有害物質の吸収作用があり

デトックスにも効果的です。

「香り」は、昔の人はお香を焚くことで

神聖なエネルギーにつながっていました。

さまざまな香りは瞬時に波動を変化させたり、

整えたりしてくれます。

「水晶」は、クリスタルとも呼ばれ

エネルギー増幅装置でもあり、

場の波動を調整してくれます。

さまざまな情報を持つクリスタルも存在します。

しかし、モノを揃えても

身の回りが雑然としているならば、

波動は乱れます。

だから、まずは掃除と整理整頓を行い、

癒やしの空間を整えてください。

そして、身の回りのモノと調和しながら、

あなたの内側の波動を整えると、

無限のチカラはよみがえります。

「色のパワー」を 活用する!?

~色の波動はチャクラに働きかける~

それぞれの色は異なる波動を持ち、
人の心と身体に影響を与えます。

赤は「ルートチャクラ（尾骨辺り）」に影響を与え、
人間の持つ根源的な生命力を高めます。

オレンジ色は「セイクラルチャクラ（丹田）」に影響し、
願望達成の力を強めます。

黄色は「ソーラープレクサスチャクラ（胃の周辺）」に
影響し、ストレスを消し自己肯定感を上げます。

緑色は「ハートチャクラ（心臓辺り）」に影響し

不安や恐れを消し、

心を開かせ愛を感じやすくします。

水色は「スロートチャクラ（喉）」を開き、

自己表現を許しコミュニケーション力を高めます。

藍色は、「サードアイチャクラ（松果体）」を開き、

直感力と創造性をアップさせます。

紫色は、「クラウンチャクラ（頭頂）」を開き

大自然や宇宙につながり、

魂に直結し新たな次元の扉を開きます。

加えて、近年では目からだけでなく、

皮膚からも色を感じていることが、

さまざまな実験で証明されているようです。

Work

一瞬で波動を上げる方法

~ カンタンに波動を UP ~

① 大好きな曲を聴く

② 大好きな写真を見る

③ 最高の未来をイメージする

④ 「ない」から「ある」に意識を変える

⑤ 「ありがとう」とすべてに感謝する♪

Point

あなたの心を満たすことで波動はすぐに上がります。イライラしたとき、落ち着かないとき、悩みがあるとき……。比較・判断をやめて、今ここにあるすべてに感謝することで、意識は拡大し波動はカンタンに上がります。

このワークと波動を上げるための無料の補足動画をご用意しました。右の二次元コードから LINE 登録してご覧ください！

波動の
ヒミツ

目には見えない
波動のヒミツを知ることで
世界のすべての謎は
解き明かされます。

この世界は、
目に見えないものが
99 パーセント

　私たちの目に見える世界は、こくわずかな可視光線という光の波長だけです。

　一方で、目には見えない波長であり太陽を浴びると日焼けする紫外線、リモコンにも使う赤外線、レントゲンに使うX線、テレビ・ラジオ・スマホや電子レンジにも使われる電波、さらにガンマ線や宇宙から常に降り注ぐ宇宙線に至るまで、この世界の99パーセント以上の波長は人間の目には見えません。

　音についても、人間の耳で聴くことのできる範囲はわずか20〜17,000ヘルツであり、これより低い音、高い音は聴くことができません。

　だから、見たり聴いたりできる情報だけに惑わされない

でください。

目に見える世界だけ信じ、見えない世界を信じない人は、世界のほんの一部しか理解できません。

9割の見えない情報を知りたいのなら、あなたの直感を使ってください。

その時、あなたは世界のすべてを感じることができます。

私の学生時代の卒業論文は、「音の波形をプログラムで見える化する」をテーマにしたものでした。

高校から吹奏楽部に入部してトランペットやサックス、パーカッションなどの楽器にハマっていた私は、音楽の持つ魔法のような力を「ITを使って見える化したい！」とワクワクしながら、何日も徹夜し取り組んだことを懐かしく思います。

また、それ以来、マーチングバンド・オーケストラ・軽音楽・ジャズとさまざまなジャンルの音楽に興味を持ち演奏してきました。

そしてそれが今、波動の世界の探求へとつながっています。

可視光線とそれ以外の見えない世界のエネルギー

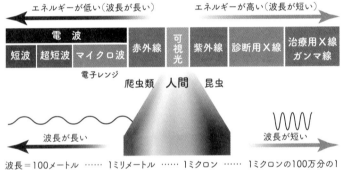

エネルギーが低い（波長が長い）　　　　エネルギーが高い（波長が短い）

電波			赤外線	可視光	紫外線	診断用X線	治療用X線 ガンマ線
短波	超短波	マイクロ波					

電子レンジ　　　　　　　　爬虫類　人間　昆虫

波長が長い　　　　　　　　　　　　　　　　波長が短い

波長＝100メートル　……　1ミリメートル　……　1ミクロン　……　1ミクロンの100万分の1
（1ミリメートルの1000分の1）

人間には可視光線しか見えないが、
爬虫類（はちゅうるい）は赤外線を見ることができる。
また、昆虫は紫外線を見ることができる。

資料：「公益財団法人 放射線影響研究所」
https://www.rerf.or.jp/about_radiation/basic_radiation_information/ より

Chapter 3 ✳ 波動のヒミツ

４４０ヘルツに封印された
周波数とは!?

〜心を調律するということ〜

現代の音楽は1953年に国際標準化されて以来、

４４０ヘルツの周波数で制作されていますが

それ以前は、古代文明もピタゴラスやモーツアルトも、

432ヘルツに調律を合わせていたといわれています。

ルドルフ・シュタイナーは、

432ヘルツ以外の調律を使うことは

"ルシファーの夜明け"と

「アーリマン（ゾロアスター教に登場する悪神）」の

貪欲なパワーを西側にもたらす、

と100年以上前に警告してきました。

かつて、ナチスによる研究でも

４４０ヘルツは最も恐怖と攻撃性を引き起こす

周波数になるとされていました。

たとえば、

砂や水を使って周波数を可視化する実験では、

1088ヘルツは亀の甲羅の模様となるなど、

周波数によって

自然界にあるさまざまな幾何学模様が現れます。

ピタゴラスも「宇宙のすべては数から成り立つ」

と言いましたが、

これはあらゆるものが周波数（波動）である証明です。

自然界の音に耳を澄ませてピアノを調律するように、

身体を感謝の心で調律すると、

不調和は消えて人は本来の力を取り戻せます。

左側の 432 ヘルツは神聖幾何学のような
美しい水の波紋となり、右側の 440 ヘルツでは
真ん中が潰れていびつな波紋となっている。

資料：Resonance Science Foundation より

カメ

1088 ヘルツ

1088 ヘルツの波動はカメの甲羅の模様と同一になる。

ソルフェジオ周波数の 秘密とは!?

～9つの周波数の効果～

癒やしの音階といわれる「ソルフェジオ周波数」は
9種類あります。

174ヘルツは心を安定させ、

285ヘルツは自然治癒力を促します。

396ヘルツはルートチャクラ（尾骨辺り）に影響を与え、

恐れや不安を解消し、

417ヘルツはセイクラルチャクラ（丹田）に影響し、

ネガティブな思いや状況を回復させて

変容を促します。

528ヘルツは

ソーラープレクサスチャクラ（胃の周辺）に共鳴し、

DNAを修復させて奇跡を起こす周波数とも
呼ばれています。

639ヘルツはハートチャクラ（心臓辺り）を開き、
すべてに調和をもたらし人間関係を修復します。
741ヘルツはスロートチャクラ（喉）を開き、
表現力の向上や問題解決を促し
852ヘルツはサードアイチャクラ（松果体）を開き、
直感力と洞察力を高めます。
963ヘルツはクラウンチャクラ（頭頂）に共鳴し、
高次元の意識の扉を開き、
創造主であるあなたへとつながる手助けをします。

闇は音を "門" に
閉じ込めた !?

〜音に隠されたヒミツ〜

「闇」という漢字は、

「音を門の中に閉じ込める」と書きますが、

これまで世界の真実は闇によって隠され、

民衆が真理へと辿り着くことを阻んでいました。

では、閉じ込められた檻（マトリックス）の中から

門（ゲート）を開き外に出るには

どうすればよいのでしょうか？

「音」という漢字は

「立つ」の下に「日」と書きます。

太陽のバイブレーションは、

闇を照らし氷も溶かします。

日本神話では

アマテラスがスサノオの行いに悲しみ、

天の岩戸に隠れ、世界は闇に包まれましたが

岩戸の隙間から見えた眩しい光にアマテラスは、

思わず外に出ます。

しかし、その光は鏡に映った自らの光でした。

同じように、

もし、あなたが外側の世界に意識を向けて

恐れや不安から心を閉ざして闇に留まるのなら、

内側に意識を向けて、

闇も光も自分の内にあるのだと気づくと

心のゲートは開くでしょう。

「はじめに言葉ありき」とは!?

〜「48音（ヨハネ）」の言霊の力〜

『聖書』では「はじめに言葉ありき」
と記されていますが、
言葉とは音の組み合わせであり、
音は振動するエネルギーであり「波動」です。
言葉はすべてを生み出す根源の力を持っています。

日本語の仮名文字は
「48音（五十音から完全重複音や濁音を除く）」から成り、
聖書のヨハネは「四八音（ヨハネ）」とも
表されることは偶然ではありません。

日本には、言葉には神秘的な力が宿るとする
「言霊」という考え方がありますが、

1300年前に書かれた最古の歌集である

『万葉集』において、

日本は「言霊の幸ふ(さきわう)国」と表現されています。

美しい心から生まれる言葉は、

その言葉のように美しく素晴らしい現実を生み出し、

逆に、乱れた心から発せられる粗暴な言葉は、

現実に災いをもたらすことが記されています。

現実を変えたければ日常で使う言葉を変えること。

言葉を変えるだけで、あなたの未来が変わります。

水は情報を記憶する!?

〜言葉の持つ波動の力〜

水には、固体、液体、気体だけでなく

情報を記憶する「第4の相」があると

水を研究する科学者、

ジェラルド・H・ポラック博士も証明しています。

美しい言葉を見せた水の結晶は美しく、

汚い言葉を見せた水の結晶は醜くなります。

人間の身体も7割が水でできています。

あなたが普段から発している言葉と思考の波動が、

今のあなたを創っています。

今、思考を変えることで波動が変わると、

あなたも変わります。

水は5次元へ
つながっている!?

〜水は意識を記憶する〜

水が情報を記憶することは、

ポラック博士の研究でも証明されていますが

温度が下がり水から氷結する

一瞬の姿を捉えた水の氷結写真には、

情報が映し出されています。

水の結晶写真が垣間見せてくれる世界は、

次元を超えた見えない波動の世界です。

言葉や思いの波動を記憶した水の情報は、

結晶写真にできますが

実は過去だけではなく、

「未来の情報」を映し出すことがあります。

私自身、

まだ取り組んでいなかった人生のテーマが

結晶写真に映し出されたことが、

後でわかる体験をしたことがあります。

また、ある国で災害や戦争が起きると、

なぜか、遠く離れたここ日本の水中において、

鉛や水銀などの有害物質濃度が

上がったというレポートもあり、

これも水が時間や空間を超えて、

量子的に3次元を超えた次元の意識と

つながっていることを示しています。

次元とは？	
０次元	点
１次元	線
２次元	面
３次元	空間
４次元	時空（分離意識）
５次元	統合意識
６次元以上	（クリエイター・創造主の意識）

各次元の構造。

次元が上がるほどに創造主の意識に近づく。

出典：『あなたが宇宙の創造主』

言霊のチカラとは !?

〜思念も波動として伝わる〜

古来から日本では、
言葉は力を持ち魂が宿る「言霊」として
大切にされてきました。

たとえば、
「ありがとう」と「ばかやろう」という言葉を
見せたり聞かせたりしたお米を炊いた実験では、
「ありがとう」の言葉を聞かせたご飯の方が
腐りにくいことが証明されています。

では、声や文字でなく思いを送るだけだと
結果はどうなるでしょうか?
私が行った実験では、
「ありがとう」と念じたごはんは腐らず、

最後は発酵して良い香りがしましたが

「ばかやろう」のご飯は黒くなり、

また、無視したご飯は

やがて腐り悪臭を放ちました。

すべてのものは

言葉の持つ波動によって影響を受け、

その周波数に共鳴する結果が現れるのです。

言霊の大いなる力を理解することで、

あなたの日常は感謝の言葉にあふれ、

その結果、世界は好転するのです。

美しい言葉を見せた水が作り出す結晶

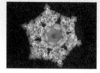

「永遠」の
結晶写真

「愛・感謝」の
結晶写真

「人類愛」の
結晶写真

「敬愛」の
結晶写真

あまり良くない意味を持つ
言葉を見せた水が作り出す結晶

「悪魔」の
結晶写真

「汚い」の
結晶写真

「冒涜(ぼうとく)」の
結晶写真

「戦争」の
結晶写真

美しい言葉を見せた水が作り出す結晶は美しく、
ネガティブな意味を持つ言葉を見せた水が
作り出す結晶は歪んだ形になる。

資料提供：©合同会社オフィスマサルエモト

「ツイてる」は
魔法の言葉

〜すべてを好転させる言葉の波動〜

多くの人が何か悪いことが起こると
「ツイてない」と口にしますが、
その考え方がその人を不幸にしています。

何が起きても「ツイている」と言える人は
どんな時でも幸せです。
「でも、最悪なことが起きたのに
ツイてるなんて思えない！」
という気持ちもわかりますが、
幸不幸を決めているのは出来事ではなく
あなたがそれをどう捉えどう思うかだけです。

「疲れた」という口癖も「ツイてる」に変えると

貧乏神でさえ悪さをやめて味方になるといわれるほど

「ツイてる」という言葉は、魔法のように

不幸だと思える状況を好転させます。

それは決して現実逃避ではなく、

出来事のすべての責任を誰かのせいにはしないと

覚悟する真の生き方です。

地球の波動は
上昇している!?

〜人類の意識が開かれる〜

地球固有の周波数は本来7.8ヘルツですが、

近年、太陽フレアなどのさまざまな要因で

上昇しつつあり、

この地球の波動の上昇とともに、

人類の意識と文明の転換期が訪れようとしています。

地球の波動上昇による影響により、

人間の脳波がベータ波になることで、

潜在意識にある不安や恐怖などの

ネガティブな感情が顕在意識へとあぶり出され

表面化してきます。

潜在意識と顕在意識に大きなズレがある場合は

恐れが増幅し、

地球はさらに生きづらい場所となりますが、

ズレがなくなり意識が統合されると

この地球が最高に素晴らしい場所であると

実感できるでしょう。

まずは、自分の嫌な部分も認め

受け入れてあげることで、

今まで自ら囚われていた不要な観念から

自由になっていきます。

その時、あなたは地球と共に、

より意識が開かれた高次な宇宙へとシフトする、

素晴らしい目覚めのゲームを体験します。

太陽フレアが心に
与える影響とは!?

～太陽を経由する宇宙の愛～

太陽の黒点周辺で起こる大きな爆発を

「太陽フレア」と呼びますが、

太陽フレアが発生すると電磁波は8分で、また、

高エネルギーの粒子は2日ほどで地球に到達し

大規模なフレアの場合、

人工衛星の不具合や停電なども起きます。

しかし、最も影響を受けるのは人間の身体、

そして「心」です。

新月や満月の影響のように、

太陽活動によってイライラや眠気を感じる人も

多くいるようです。

現在、太陽活動は

地球の「シューマン共振（地球固有の周波数）」に

影響を与えるほど活発となり

人々の意識に潜む恐れや怒り、

もう手放してもよい価値観を顕在意識へと

あぶり出してくれています。

だから、心配は無用です。

すべては魂の進化（アセンション）のために

大いなる愛のもとで起きていることなのです。

一瞬で波動を感じる方法

～心の目で世界を見る～

❶ 五感に頼らない

❷ 心の目で見る

❸ エネルギーの違いを意識する

❹ 感情の変化を感じる

❺ あなたの直感を 100 パーセント信じる♪

Point

この世界は、目に見えないものが 99 パーセント以上です。だから、見えるものだけに意識を奪われるのはやめて、第六感である直感力を使って心の目で波動を感じてみてください。きっと、目で見るよりもはるかに多くの情報を受け取ることができるようになります。

波動のヒミツについての無料の補足動画をご用意しました。右の二次元コードから LINE 登録してご覧ください！

Chapter

4

人間関係の
悩み

誰もが人間関係には悩んでいますが、
さまざまな感情にもすべて波動があります。
その感情はなぜ生まれるのかを知り、
癒やすことができると
人間関係の悩みは消え、
悩みはあなたにとって宝となります。

あなたの悩みは宝となる

　物質だけでなく、感情も固有の波動を持っています。
　人間関係によるさまざまな悩みは恐れ、不安、嫉妬心、怒りといったさまざまな感情の波動を、あなたの心に湧き上がらせ、たくさんの気づきを与えてくれます。

　それらの感情と向き合い、癒やし受け入れることができると、人生の新しいステージへと進むことができます。
　私は「口唇口蓋裂」という障害を持って生まれたために言葉を上手く発音できず、思春期にはからかわれたり、いじめられたりするのを恐れて心にバリアを張って生きていました。

　けれども、そんな自分が嫌で自分を変えようとたくさんの本を読んでいると、見えない世界のことや波動について興味を覚え、その結果、波動の世界を探求することになっ

たのです。

そして、たどり着いたのは、「すべては波動である」ということでした。

人間関係の悩みはどこからくるのでしょうか？

自分の中で解消できていない感情の波動からそれはやってきます。

その悩みの原因を消すために、他人を変えようと努力しても難しいです。

やはり、外側に見える世界は結果であり、原因ではないからです。

私も昔は、原因は外にあると思い込み、他人を変えようと努力したことがありました。

しかし、努力の結果、その人は一瞬変わってもまたもとに戻ってしまうという現実に何度も打ちのめされたのです。

その後、真の悩みの原因は自分の中にあるということがようやくわかり、自分の心の波動を変えた時、外側の現実も変わり人間関係も好転することを体験しました。

さらに気づいたことがありました。

　それは、「困難な状況は自ら創っていた」ということです。

　人間関係の悩みの中で、「自分の中に眠る感情を深く味わう」という体験を、本当はしたかったんだということがわかったのです。

　そう気づいた時、すべての悩みは宝となりました。

　職場、家庭、学校、友人、親、子どものこと……。

　さまざまな人間関係の悩みがあなたのために湧き上がってくれるのです。

　だからもし、もう十分にそれらの感情を味わったのならば、古くなった価値観（観念）は手放してください。

　観念を手放していけばいくほど、あなたの波動はどんどん軽くなります。

　ありのままのあなたの波動が世界を照らし、その結果、すべては変容していきます。

　人間関係の悩みはあなたの宝だったことに気づき、感謝へと変わります。

Chapter 4 ❖ 人間関係の悩み

ストレスが
100パーセント消える!?
〜心のブロックを消そう〜

人が何かにストレスを感じるのは、
過去の経験でつくられた心のブロックが原因です。
たとえば、子どもの頃にひどく怒られたり、
バカにされたり、人から拒否された経験があると
いつしか心にブロックができてしまい、
そのブロックに反応するようなことには、
反射的にストレスを感じるようになります。

そして、
ありのままの自分を殺しながら生きることを覚え、
学校や会社という場所で、
そんな生き方はさらに助長されていきます。

でも、あなたがストレスを感じたときがチャンスです！

その感情から逃れるのではなく、

ストレスがあることを受け止めて

しばらく味わってください。

そして、その感情のもとになっている

心のブロックを探ってみてください。

そのブロックがもう不要ならば、

今まで必要な経験を与えてくれたことに

感謝しながら手放してください。

すると心のブロックは消え、

あなたはそのストレスをもう経験しない

新たな世界へとシフトし変容します。

期待はするな!?

〜期待は×、希望は〇〜

多くの人は何かに期待をし、

期待通りにならないと裏切られたと落ち込みます。

期待は、相手や状況を自分が思うように

コントロールしようとするエネルギーです。

でも、コントロールしてしまうということは、

相手や状況を信頼していないという証拠です。

だから、相手を信頼してください。

すべての出来事は必然であると認めてください。

期待とは、自分には力がないと自らを卑下し、

何かにすがる行為です。

外側の何かに期待して、

あなたの内側にある本来の力を明け渡すのは

もうやめてください。

期待は手放し、すべてをゆだねながら

あなたが望む未来に希望を持ち続けてください。

その時、あなたは神であることを思い出し、

ネガティブな出来事でさえ

すべてが愛・感謝へと変わります。

「嫌な人」は
あなたの中に潜む一面

~宇宙のメカニズムで嫌な人が消える~

あなたが嫌な人とは、どんな人ですか？

そして、その人のことがなぜ嫌なのでしょうか？

たとえば、その人が「自分勝手だから嫌！」ならば、

どういうところが自分勝手なのかを

考えてみてください。

もし、その人が自分勝手のせいで

人に迷惑をかけることがある、というものなら、

あなたの中に、

「ありのまま生きると人に迷惑をかける」

という観念があるのです。

つまり、あなたにとって"嫌な人"とは

自分の中に潜んでいる、

まだ認められない自分の一面なのです。

だから、あなたの中のその一面を

深く感じてみてください。

そして受け入れ、

その嫌な自分を許してあげてください。

あなたの中の嫌な自分を愛せるようになったとき、

他人の欠点もすべて愛せるようになります。

すると、嫌な人はあなたの目の前から

消えていなくなります。

あなたの意識は拡大し、

より深い体験を味わえる新たなステージへと

シフトしていきます。

それがこの宇宙のメカニズムです。

悪を許すと魂が
進化する!?

～善悪を超えて統合へ～

かつて、堕天使ルシファーは天使たちの首領であり、

天使たちの中でも最も美しい大天使でした。

まばゆい光の中では何も見えず、

何も体験ができませんが、

闇があることで光は認識され、

さまざまな体験が生まれるものです。

そこで、自ら悪役を引き受けたルシファー

（「光をもたらす者」の意）が闇をあえて生み出したために、

平穏だった世界に混沌が訪れました。

人は正義の名のもとに、悪を懲らしめる

「勧善懲悪」のストーリーを信じ、

どっぷりとドラマにはまり込むことで

互いの正義を振りかざして憎しみ合い、

その結果、戦争すら正義となりました。

しかし、

混沌によってドラマチックになった人生の中で、

人は葛藤し自らの心の内にあるさまざまな感情を

体験することができました。

悪役を演じてくれる大いなる魂を持つ存在を赦^{ゆる}し、

感謝してください。

それができると、善悪という二元性は統合され、

あなたの魂は進化し

世界はより軽やかで素晴らしい次元へと移行します。

ポジティブとネガティブの感情は同じ!?

～コインの裏表のように2つの顔がある～

多くの人は他人に良い面だけを見せようとして、

ネガティブな感情を押し殺して生きていますが

感情を抑え込み、見ないようにすればするほどに

ネガティブな感情は増幅し、

やがて爆発してしまいます。

そして、

そんな自分を卑下することで自己肯定感は下がり、

ネガティブなループへと多くの人が陥っていきます。

怒り＝やさしさ、不安＝安心、

いらいら＝落ち着き、恨み＝感謝 のように

相反する2つの感情の波形は山と谷の関係で

実は同じ波形です。

人の心には天使と悪魔が同居していて、

誰しもが 2 つの顔を持っているものです。

コインの裏表のように

2 つの側面があるものも 1 つであることを認め、

ネガティブな感情も否定せず受け入れてください。

その時、あなたの中の陰陽は統合されて

善悪の二元的な世界から抜け出し、

愛と感謝に満ちた新時代へと変容していきます。

❄

違和感の正体とは !?

〜自分の中の古い価値観を探る〜

日常生活の中で、

ついカッとなってしまうことや、

許せないことなどに出会うものです。

これらの違和感の正体は

いったい何なのでしょうか？

多くの人はこの違和感をなくすために、

他人や状況を変えようと努力し、

変わらない状況に悩んでいます。

また、違和感を体験しないようにと

人を避けて感情を押し殺し、

自らの行動を制限します。

でも、違和感の正体は、

もう不要になったあなたの古い価値観（観念）です。

違和感は、その観念に気づくまで

何度でも教えてくれる素晴らしいセンサーです。

その観念に気づいたら

自分の内にある「嫌な感情」を、

まず感じきってみてください。

そして、

多くの体験をくれたその観念を感謝と共に

イメージの中で光へと変え手放します。

すると現実も変わりはじめます。

他人は
変えられない！?

〜あなたの意識の投影〜

「過去と他人は変えられない。しかし、

今ここからはじまる未来と自分は変えられる」

これはアドラーを源流とする人間性心理学者の

エリック・バーンの有名な言葉ですが、

この言葉から、さらに深掘りをすることができます。

時間が過去から未来へと1方向に流れる

3次元空間のゲーム設定においてはそうですが、

量子物理学の2重スリットの実験では

人間の意識が未来と過去も変えることが

証明されています。

つまり、時間は幻想であり、

今この一瞬しか存在しません。

意識がその連続を時間として認識しているのです。

では、他人は変えられるのでしょうか?

他人はあなたが作り出した意識の投影です。

他人はあなたです。

そのことが理解できると、

あなたは他人をもう変えようという思いを

手放せるはずです。

すると、その人も変わるのです。

自由に生きるには？

〜自由な魂が選んだ不自由さ〜

人は今よりも良い生活を求め、
より快適でいたいと努力しますが
その努力によって、
さらに自由は奪われていきます。

快適さを求めれば求めるほど不快の種が増え、
心は不自由になるからです。

あなたは、かつて自由な魂からなる存在でした。
でも、そんなあなただからこそ、不自由という
3次元でしか味わえない体験をしてみたくて、
この地球へと転生したのです。

だから、ジャッジメント（判断）をやめて、

今この一瞬を感じてみてください。

すると、物事をコントロールしようとする思いは消え、

あなたの魂は今も自由であることに気づきます。

あなたは、この世界の創造主として

すべての体験を観察し、

あるがままを味わうことができます。

「愛」の正体とは？

~自身が無条件の愛の存在であると知る~

「愛」とはいったい何なのでしょう？

恋には条件が付いているけれど、

愛は無条件のもの、など

いろいろな愛の定義がありますね。

基本的に、「○○だから好き」とか

「○○だから嫌い」という

条件付きの愛はいつか必ず終わるものです。

人は、自分の欠乏感を他人で満たそう

という思いを捨てたとき、

条件付きでしか愛せないという思いは

錯覚であることを思い出すのです。

あなたは無条件に素晴らしい存在です。

だから、自分自身を

条件付きでしか認められない

というジャッジは捨ててください。

それができると、

あなた自身が「無条件の愛そのもの」

であることに気づけるでしょう。

答えは100パーセント
自分の中にある!?

〜あなたは、すでにすべてを知っている〜

人は重要なことほど、

自分で答えを出すよりも

権威者や能力者に答えを求めようとしますが、

実はあなたは、

100パーセントその答えをすでに知っています。

「自分にはそんな能力はない!」

と思うかもしれませんが

この世界は、あなたが体験したくて

自ら創った世界です。

そのことが腑に落ちてくると、

あなたが創った夢の世界の住人に

Chapter 4 ✴ 人間関係の悩み

答えを求めることが、

とても滑稽に思えてくることでしょう。

誰かの意見やアドバイスは信じ従う必要などなく、

あなたがそれをどう捉えるかを決めるのです。

他人さえも、

あなたが体験を通して自らを深く知るために創り、

投影している鏡に映るあなたの一部であるならば

もう何かを恐れることも、

未来に不安を抱くこともなくなります。

一瞬で心のブロックを消す 方法

~観念を手放し恐れから自由になる~

1. 心の奥に意識を向ける

2. あなたの中の恐れを探す

3. そこから湧き上がる感情を受け止める

4. 恐れのもとになる観念を探す

5. 感謝しながらその観念を手放す♪

Point

恐れのもとになっている価値観は何でしょうか? その価値観(観念)が何なのかがわかれば、それまで持ち続けていた心のブロックはもう消えてよいという合図です。さまざまな感情と体験をくれた観念を感謝しながら手放してください。

心のブロックを消す誘導ワークができる無料の補足動画をご用意しました。右の二次元コードからLINE登録してご覧ください!

Chapter

5

お金と仕事

お金に対する洗脳から目覚めると、
真の豊かさを手に入れることができます。
生きるためにお金が必要だから
仕事をするという時代は終わり、
ほとんどの職業がなくなるでしょう。
あなたのお金と仕事に対する意識が変わるとき、
仕事は遊びとなり、
貢献と感謝の波動（エネルギー）を交換しあう、
新しい時代へとシフトしていきます。

お金と仕事は、
喜びとの波動交換の
関係になる

　多くの人がお金に対してのネガティブな感情を持っています。

　そのネガティブな感情が、お金のブロックを生んでいます。

　そして、お金がないと生きていけないという恐れから、ほとんどの人が、お金を稼ぐためにやりたくない仕事を自ら選び、魂の時間を消費しています。

　私は幼少期に、父の会社の倒産などによって一家夜逃げを体験しました。

　借金取りに追われ、お金が原因で毎日ケンカする両親の様子はトラウマとなり、私にお金に対してのネガティブな思いを植え付けました。

Chapter 5 ✦ お金と仕事

　そこで、私は生きるために、小学生の頃からすでにお金を稼ぎ、起業をしました。

　最初は、ハングリー精神から「お金がない」ということにフォーカスした起業だったために、数字だけに囚われ、欠乏感から働く毎日は苦しくつらい日々となり、精神的にも追い込まれてしまい、会社は一度解散となりました。

　その学びから以降はお金と向き合い、自分の中にあるネガティブな感情を1つ1つ手放していきました。

　お金に対する恐れ、不安、不足、嫉妬、虚栄心、罪悪感、無価値感など、ネガティブな思いがやがてニュートラルになるにつれて、お金は循環してスパイラル状に拡大し、豊かさのエネルギーが巡ってくるようになりました。

　そして同時に、仕事に対しても、生きるためにやっていた仕事はいつの間にかなくなり、自分がやりたい仕事だけになりました。

　子どものようにワクワクしながら、感謝の心で仕事をしていくことで、結果的には会社は5社へと拡大しました。

　そして今、「仕事は遊び」になりました。

私はIT・AI・金融についての仕事に20年以上携わってきましたが、時代が急激に変化しており、これからはさらに変化が起きることを身を以て実感しています。

　今、文明の大きな転換期を迎え、今までのお金の価値は崩れ去り、既存の仕事もAIの台頭でほとんどなくなっていくでしょう。

　そんな時代を迎える心構えとして、お金に対するブロックとなっている古い価値観を手放すことです。

　そして、生きるために働くという価値観も手放すことです。

　さらには、会社に依存したり、お金に依存したりする生き方もやめることです。

　そして、少しずつでも、自分が本当にやりたいことで、誰かに役立つことを仕事にしていってください。

　するとあなたは輝き、エネルギーも拡大していきます。「働く」という言葉の「ハタをラクにする」という本来の働き方へと世界は変わっていきます。

　お金とは、喜びの波動（エネルギー）を交換し循環するた

めの1つの手段であるという考え方で向きあえるようにな
ると、そのエネルギーは拡大していきます。

　やがて来るであろうお金のない世界では、人は進んで貢
献し合うようになります。
　仕事は遊びへ。お金は貢献に対する感謝の"しるし"と
なります。

お金に対する
心配を消す

〜お金は単なる交換手段〜

多くの人は、

「お金があれば〇〇ができるのに……」

と言いますが

その思いの奥底には、

「お金がないと生きていけない。

ましてや幸せにはなれない」

というお金に対するブロックが隠れています。

そして、お金に意識が向くことで

幸せになれるという現実化を遠ざけます。

私は幼少期に、一家で夜逃げをしたことがあり、

お金がなくて雑草を食べて生き抜いたことがあります。

けれども、その経験のおかげで、

Chapter 5 ❄ お金と仕事

お金がなくても生きていけることを知っています。

お金は目的ではなく、

単なる交換券であり手段であり、

その先の喜びの体験こそが重要です。

この世界を創ったのは自分であったと気づくとき、

お金の心配は消え、

ただ体験を遊びながら今の幸せを

味わうことができるのです。

お金のブロックを
取る!?

〜気づかない心のブロック〜

ほとんどの人が、心の奥にお金に対する
心のブロックを握りしめています。

「お金は尊い」「お金は怖い」「お金は清い」
「お金は汚い」などなど。
お金に対する思い込み＝観念は、
すべてお金に対するブロックとなります。

「お金は怖い」とか「お金は汚い」という
思いを持つ人には、お金は集まりません。

反対に、「お金は尊い」「お金は清い」
と思っている人も、

そうではないと思えるお金に対しての強い嫌悪感が

心のブロックになっています。

お金に感情を結び付けないでください。

お札＝紙であり、お金は単なる交換のツールです。

だから、交換の先にあるコト、モノ、喜びの方に

フォーカスをしてください。

お金に対する思いがニュートラルになり

エネルギーが回りはじめると、

結果としてお金は巡ってきます。

￥⇒縁になると、
お金は終焉を迎える!?
〜真実の"エン"を求めて〜

今、「円（￥）」の価値が暴落していますが、

世界中でお金の価値が揺らいでいます。

そもそも紙幣に価値があるのではありません。

紙幣に価値を与えている

国の方針や世界的ポジションが変わることで、

信用にもとづいた紙幣の価値は変化し、

場合によっては無価値にさえなります。

お金に価値があるのではなく、

交換したその先にある、

物や体験に価値があるのです。

幻想である、お金＝￥を

追い求めるのをやめましょう。

なぜなら、人との縁にこそ価値があるからです。

人との縁に価値を見いだせれば、

あなたは真の豊かさを手にして、

その「縁起」により「円い世界」が

創造されていきます。

トイレ掃除で
金運がアップする!?

~金運がアップするメカニズム~

日本では、古くからトイレには

「烏枢沙摩明王」という神様がいて、
（う　す　さ　ま　みょうおう）

烈火で不浄を浄化し清浄と化す力を

持つといわれてきました。

そんな言い伝えがあるからか、

トイレを掃除することで不浄除けや、

運気・金運が上昇するともいわれています。

とはいえ、

「トイレ掃除をしても、金運はアップしないよ!」

という人も多いと思うので、

もう少し論理的にこれについて

メカニズムをご説明します。

まず、
トイレ掃除をすることは心の掃除につながり、
乱れた心が整うことですべてが好転します。

また、人の嫌がることを引き受けることで、
人に喜んでもらい、
その分、徳を積むことができる行為とも言えます。

そして、これらの行いの中で
金運などを上げようとしなくなったとき、
感謝のエネルギーは循環して金運が上がるのです。
それが真実です。

簡単に豊かになる
方法とは!?

～今、この瞬間に豊かさを感じて～

あなたにとって「豊かさ」とは何でしょうか?

住みたい家に住める、好きな物を食べられる、

好きな服を着られる、海外旅行に行ける……

などでしょうか。

そう思う人たちは、

「お金が必要だ。お金が充分にあったら豊かになれる」

と勘違いをしています。

そんな人たちは欠乏感を握りしめ、

手段としてのお金を求めて自ら奴隷となり、

大切な命の時間を捧げる人たちです。

何か努力した結果、豊かさが手に入るという

古い価値観は手放してください。

豊かさを手に入れたいのなら、

今、豊かさを感じることです。

欠乏ではなく、豊かさに

意識のフォーカスを合わせたとき、

豊かな現実が現れてきます。

それがこの宇宙のメカニズムです。

豊かになりたいのなら、

ただ豊かさを選択し感じてください。

本来あなたは豊かさそのものなのですから。

恐れのメカニズム？

〜魂は永遠であると気づく〜

恐れは、なぜ起きるのでしょうか？

人間の根源的な恐れは

「死への恐怖」が起因になっています。

仕事をしないと食べていけないと思う人は、

やりたくないことでも仕事にし

お金がないと生きていけないと思う人は、

お金のために命の時間をも売ります。

恐れのメカニズムを巧みに使い、

支配者が民をコントロールし

統治してきた結果が今です。

では、どんどん湧き上がる恐れは

どうすれば消えるのでしょうか？

魂が永遠であると気づくとき、

根源にある「死の恐れ」は消えていきます。

その時、

あなたは永遠の時を生きる自由な魂として

「今」を楽しむことができます。

アリよりキリギリス
であれ!?

〜今ありたい自分になる〜

『イソップ寓話』の1つ、

『アリとキリギリス』の話では

「今、ラクをするキリギリスは怠け者であり、

いずれ痛い目にあう。だから、アリのように

せっせと働き未来に備えろ」

という戒めが説かれていますが、

この観念によって人は常に未来を恐れ、

今この瞬間をないがしろにしています。

未来のために我慢をし、

人から非難されないようにと、

本当の自分を殺し続けています。

でも、なりたい自分になるために、

今、「ありたい自分」でいてください。

未来ではなく、今この瞬間に

なりたい自分を味わい感謝するのです。

すると、その周波数に共振し、

あなたが望む現実も引き寄せられ、

目の前に結果としてなりたい自分が創造されます。

あなたはオンリーワンで ナンバーワン？

〜ニッチな価値を追求しよう〜

これまでの世界は、

勝ち負けや優劣を比較する

二元的な価値観をベースに成り立っています。

ビジネスにおいて企業は競合と争い、

勝利して業界のナンバーワンを目指そうとしますが

個人が輝くこれからの時代では、

よりニッチな分野のオンリーワンを目指すべきです。

「ナンバーワンになるのは無理！」とか

「ナンバーツーではダメなの？」

と言う人がいますが、

個人の魅力を完全に表現できたら、

ニッチな分野でナンバーワンとなり

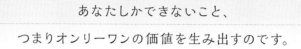

Chapter 5 ❄ お金と仕事

あなたしかできないこと、

つまりオンリーワンの価値を生み出すのです。

あなただけのオンリーワンには、

人生で一番時間やお金を費やしたこと、

一番喜ばれたこと、一番ワクワクすることに

そのヒントがあります。

あなたが輝きながら働くとき、

多くの人に喜びを与えられ、

その結果として豊かさを受け取ることとなります。

一瞬で金運を上げる方法

～ネガティブな思いを手放す～

1. 掃除をする

2. 身なりを整える

3. お金のネガティブな思いを手放す

4. お金が「ない」から「ある」に意識を変える

5. 感謝してエネルギーを循環させる♪

Point

金運を波動機器で読み解くと、「仕事運が悪い！ 金運がない！」と言う人ほど、恐れや不運、罪悪感というネガティブな感情を持っており、その結果、金運＝仕事運が悪いという現実を創っていることがわかります。

　もう不要なネガティブな思いは手放してください♪

このワークとお金と仕事についての無料の補足動画をご用意しました。右の二次元コードから LINE 登録してご覧ください！

Chapter
6

時間と波動

過去から未来に一方向に流れる、
有限のように見えている時間は幻想です。
時間の速さは、
心の波動に連動し変わります。
あなたが無限の時間を
創り出しているのです。

時間は幻想

　嫌なこと、退屈なことをしているときは、時間の流れがとても遅く感じます。

　反対に、好きなことをしているときは、時間はあっという間に過ぎ去ります。

　最高に集中し、「ゾーン」に入った野球選手には、ボールは止まったように見えるそうです。

　このように、時間の感覚は絶対的なものではなく、その人の心の波動に関係しているのです。

　また、時間は過去から未来へと一方向に流れているというのも幻想です。

　観測すれば物質として、観測していないときは波（非物質）として実験結果が変わるという量子力学における「2重スリットの実験（32〜33ページの図参照）」では、過去が

変えられることも証明されています。

　これは、スリット（隙間）に素粒子を飛ばして、素粒子が隙間を通った後に観測するかしないかを決めたとしても、その決定次第では、隙間を通る前、つまり過去にさかのぼって素粒子のふるまいが変わるというものです。

　これは、時間は過去から未来にだけ流れているのではなく、未来や現在から過去へ影響を与えることができるという証明となります。

　つまりあなたは、時間の束縛から自由になることができるのです。

　時間を生み出しているのは、あなたです。

時間は未来から流れている!?

〜叶えたい夢の種を未来に撒こう〜

現代人は過去から未来へと
時間が流れていると思っていますが、
実は時間は未来から過去へ流れています。

たとえば、江戸時代まで日本の和時計は
針が固定されて文字盤の方が回転することで、
時間が未来から過去へと
流れていくように作られており、
それが日本人の時間の概念だったのです。

幼い頃は皆、過去を悔やむことはなく、
常に未来から楽しいことがやってくる感覚で
過ごしていたはずですが、

いつしか、教育により過去に縛られ、

限定された未来のために

今を犠牲にする生き方を身に付けてしまっています。

過去の原因が結果を導くという考え方をやめて、

未来に原因を設定して

それを結果として受け取ってください。

たとえば、海外旅行に行くと決めたら

準備をして目的地に行くように、

まずは望みの種を未来に撒くことで

結果であるその時はやってきます。

そのためにも、望みを叶えた未来のあなたの

感情や感覚を今、味わってみてください。

未来のあなたの波動に共鳴した結果が

現実化されるでしょう。

違うタイムラインへ
行くには？

〜自由にタイムラインは移動できる〜

過去⇒現在⇒未来へと

一方向に流れるように見える時間は幻想です。

量子物理学の世界では、

すでに過去を書き換えられることが

証明されています。

たとえば、

過去のトラウマを心の中で癒やすことで、

今の自分が変わったように感じることがありますが

それは、異なるタイムライン（時間軸）へ移動したと

言えるのです。

ではタイムラインを自由に移動できるのでしょうか？

あなたは今ここにあるタイムラインを

体験するために今ここにいます。

だからまずは、

あなたが味わいたかった経験や感情を受け入れ、

味わい、感謝してください。

すると、あなたの意識は変容し、

新しい体験を味わえるタイムラインへと移行します。

マヤ暦の秘密とは!?

~時間をエネルギーと捉えた古代マヤ人~

マヤ文明はユカタン半島を中心に
数千年栄えた古代文明ですが、
マヤ暦と呼ばれる独自の暦を持っていました。

260日周期のマヤ暦では1か月は20日、
1年は18か月＋5日、13のサイクルで成りたちます。
かつての日本では、
月の満ち欠けの周期を基準とした
「太陰暦」をベースにして生活していましたが、
明治維新によって「太陽暦 (グレゴリオ暦)」に
強制的に置き換えられました。

このように、世界中の暦は
人々をマトリックスの中に閉じ込めて

段階的にコントロールしやすい太陽暦へと
切り替えられたのです。

古代マヤ人は、
時間は意識でありエネルギーであり、
神聖なものとして捉えていました。
古代の叡智（えいち）を思い出し、
宇宙的な循環の周期に生きるとき、
あなたの中にある大いなる力はよみがえります。

カルマの法則とは!?

～未解消の感情に向き合う～

「カルマ」とは、サンスクリット語で

「行為」または行為の結果蓄積される

「宿命」を意味します。

カルマ＝宿命は、

あなたとして生まれ変わる前の

「前世」から引き継がれます。

これはDNAの中にある染色体から

情報を読み解くことも可能であり、

すでに証明されています。

それでは、カルマは

いったい何を引き継ぐのでしょうか？

それは、あなたが解消できなかった「感情」です。

たとえば、

人間関係で深い悲しみの感情を抱えたなら、

そのエネルギーは解消するまで

消えることはありません。

何度もその感情を引き起こす体験として

現実が起こり、一生で解消できないなら

来世にカルマとして引き継がれます。

もし今、それらの感情を受け入れて癒やし手放すと、

未解消の感情であるカルマは消え、

その現実は起きなくなります。

今この瞬間に
すべてある？

~今ここにある至福を味わう~

人は未来に不安を抱き過去を悔やみます。

そして、ほとんどの時間において、

過去や未来に意識を飛ばし

今ここに居ることがありません。

どうか、今ここ、この瞬間に留まるために

左脳を休めて右脳を使ってください。

たとえば、コップに半分水が入っているとき、

あなたはどう思いますか？

「半分しかない」と思うのは左脳であり

「半分もある」と思うのも左脳です。

一方で、

量を比較せずに水があることをありのままに見て、

水があることに感謝するのは右脳です。

今ここを感じきると、
この一瞬にすべてがある至福を味わえます。

一瞬で時空を超える方法

～並行世界の旅人になる～

1 心を鎮める

2 過去を悔やまない

3 未来を心配しない

4 今この瞬間に全意識を集中する

5 望む並行世界へとジャンプする♪

Point

時間が幻想であることがわかってくると、この瞬間に並行世界が重なり合っている多次元的な世界を生きている感覚が増していきます。今この瞬間だけに意識を集中し、並行世界の旅人として望む世界へとシフトしてみましょう。

このワークと時間と波動についての無料の補足動画をご用意しました。右の二次元コードから LINE 登録してご覧ください！

Chapter

7

健康と
波動

心の波動の結果として、
現れる病気のメカニズムを知り、
原因となる感情と観念を手放していくと、
心と身体はエネルギーに満ちあふれます。

健康と波動の関係
について

　現代人の多くが、心と身体のバランスを崩しています。

　本来、心と身体は切り離すことはできないものです。

　心が身体をつくっているという考え方は、少し前の日本人ならば常識でした。

　西洋医学では病気と戦い、病気を切り離そうとしますが、病気は結果であり、薬や手術は対処療法でしかありません。

　一時的には症状が和らぎ、改善したように見えても、その根本原因である生活習慣や考え方を変えない限り、また同じ病気になる人がどれほど多いことでしょうか。

　西洋的な生き方と西洋医学が推進された結果、現在はパンデミック後に起きた強引すぎる医療政策によって、逆に、超過死亡は過去最高の数字となったようです。

Chapter 7 ✦ 健康と波動

今、その深い闇が徐々に明らかになってきています。

そして、「食」の問題も危機的状況にあります。

特に日本は、農薬や添加物の規制緩和による影響もあいまって、さまざまな病気が増え続けています。

私の場合は、父が自然健康食品の製造販売の会社を営んでいたこともあり、小さな時から薬に頼らず、根本を改善し健康を保つという、日本古来の生き方で育ってきました。

身体の70パーセントが水でできている人間にとって、水は波動的にもとても重要です。

私は、8年前から四国の四万十川の最上流から下流へと無農薬・自然農法の田んぼを支援する取り組みをはじめました。

ここでは、上流から農薬が流れ込まないので、最上流の清流で育つ「完全無農薬」の安全で美味しいお米を収穫することができます。

今ではサポーター制度をつくり、オンラインで田んぼや畑の状況をシェアし、収穫体験にも参加できるなどの取り

組みもどんどん広がり、日本の自然農法の農家を支援する
プロジェクトとして全国へと拡大しています。

　さらに、私は「波動の学校」も運営しています。学校で
は波動についての知識を深く理解し、身体のさまざまな臓
器や、感情までも読み解き可視化ができる先端波動機器を
用いた波動調整ができるオペレーターの育成も行っていま
す。
　これまですでに、私の学校では千人以上のオペレーター
を育成し、オンラインでの活動を含めると累計５千人以上
の波動を調整し改善してきました。

　将来的には、遠隔でも測定ができ、心と身体だけでなく
潜在意識へも働きかける「波動医療」が当たり前の世界に
なるかもしれません。

Chapter 7 ✳ 健康と波動

病は100パーセント
気から!?

〜その根本を知る〜

「病は気から」ということわざ通り、

病は、気＝心から起こります。

ネガティブな感情は毒素、電磁波、

ウイルスなどの波動と共振し、

その結果、

身体に不調として現れるのが「病」です。

病に対して薬で対処しても、

その根本が改善していない限り、

病は繰り返されることでしょう。

それは川の下流だけをキレイにしても、

上流に原因があればまた川が汚れるのと同じです。

あなたの感情と、そのもとにある観念（価値観）を

クリアにしてください。

手放すべき観念に気づくために、

病は大切なメッセージを伝えてくれているのです。

不要な観念を手放したとき、

あなたの魂の持つ純粋なエネルギーが

ニュートラルな意識を生み、

その結果、

本来のエネルギーを取り戻した心によって、

身体は健康に保たれます。

薬より
免疫力を大切に！

〜過ちを認めたパスツールの遺言〜

病気には薬が絶対必要というのは本当でしょうか？
病気には薬を必要とする考え方は、
近代になって大手製薬会社やメディアにより
流布されたものです。

たとえば、1881年に
パスツール（フランスの生化学者・細菌学者）は、
弱毒化した炭疽菌のワクチンによる
実験に成功したとして
健康な人でも細菌によって病気になるので
ワクチンが必要だと提唱しました。

それを大手財閥が出資する製薬会社の理論として

広めてきたのです。

しかしパスツールは死に際に、

「私の理論は間違っていた」と述べています。

人類の長い歴史においては、

人が自然に持つ免疫力を高めることこそが大切です。

病は正すべき心の結果です。

心の波動を整えると

食と生活が整い免疫力が高まり、

その結果、健康になれるのです。

ネガティブな感情と
リンクする元素がある!?
~病気を引き寄せるメカニズム~

すべての物質は固有の波動を持っていますが、

人間の感情もまた、固有の波動を持っています。

波動は同じ波形を持つものと共鳴し引き合います。

これが俗に言う「引き寄せの法則」です。

実は、ネガティブな感情の波動が共鳴し、

引き寄せる元素があるのをご存じですか?

たとえば、

いらだちは水銀、怒りは鉛、心配はカドミウム、

恨みは放射能、悲しみはアルミニウムと

人体に悪い元素を引き寄せます。

実際に、人体の波動を測定すると、

その人のネガティブな感情に対応する元素が

測定されています。

独居老人にアルツハイマーの発生率が多いのも、

寂しさや悲しみの感情からアルミニウム濃度が

高くなったことが原因かもしれません。

「病は気から」と言いますが、

実際にネガティブな感情が毒素を引き寄せ、

その結果、病気になるのです。

だから、まずはネガティブな感情を

否定せず受け止めてから、

愛と感謝へと感情をシフトさせることで、

心をニュートラルな波動へと整えましょう。

微生物には
スゴいチカラがある!

〜腸内の微生物は「第 2 の脳」〜

微生物というと、

ウイルスや病気の細菌を連想して

悪いイメージを持つ人も多いのですが、

実は微生物は、重要な働きをしています。

たとえば、善玉菌と呼ばれる微生物が働くことで

乳酸菌はチーズを、酵母はパンを、

こうじ菌は味噌・醤油・お酒を作ってくれます。

人体にもさまざまな微生物が 100 兆個、

腸内には 100 種類以上の細菌が存在しています。

細菌が土壌の中で有機物を分解して

栄養に変えるように、

腸内細菌は食物を分解して栄養に変えてくれます。

逆に、抗生剤や農薬などは善玉菌を殺し、

腸内細菌のバランスを壊し、

腸に宿る免疫細胞も破壊します。

「腹が立つ」「腹黒い」「腹の虫が収まらぬ」

「腹を割る」「腹をくくる」「腑に落ちる」などと、

「腹」という文字には

気持ちや意識を表す言葉が多いように、

「腸は第2の脳」の役割を持っています。

腸の中も土の中も同じように循環しながら

この世界のすべてが調和のもとに循環しているのが、

この宇宙の真理です。

微生物は神の遣い!?

~自然の循環の中で生きるということ~

人間の身体の中、特に腸内には

100兆匹の微生物が棲んでいます。

土の中にもさまざまな微生物がいて、

有機物を分解して肥料にしてくれるおかげで

自然界の植物は育ちます。

しかし近年、化学肥料と農薬を使うことで、

土地本来の微生物は死に絶え、

作物ができにくくなっています。

そんな土地では、

無農薬で農業をしようと頑張っても

微生物がいないので、

作物が育たずに多くの農家は断念してしまいます。

基本的に、それぞれの地域に

もともと棲みついている土着菌が作物の味や、

人間の性格にまで影響を与えており、

それらが"風土"というものをつくり上げています。

もし、土着菌を活性化すれば、

肥料を使わなくてもエネルギーに満ちた

美味しい野菜が育ちます。

人間も同様に、

無農薬・無添加などの野菜や味噌を食べることで

腸内の微生物はよみがえり、

人が本来持っている無限の力を取り戻せます。

微生物はまるで神の遣いのように意識を持ち、

振動しながら共鳴する人々を引き寄せて、

大自然と循環する叡智を教えてくれるのです。

日和見が善玉に
変わる時とは？

～善玉が立ち上がると日和見の８割が目覚める～

「日和見」とは

江戸時代頃の天気観察の呼び名であり、

「形勢が有利な方に追従する」という意味ですが、

腸内細菌は人に良い影響を与える「善玉菌」が１割、

悪い影響を与える「悪玉菌」が２割、

そして、善玉菌と悪玉菌のうち

優勢な方へなびいて働く「日和見菌」が

７割で構成されています。

「だったら、悪玉菌を除菌して０にすればいい！」

と思うかもしれません。

確かに、悪玉菌が増えすぎると病気になりますが、

まったくいなくなると善玉菌も働かなくなり

消化と栄養分の吸収ができなくなってしまいます。

人の世界も同様です。

悪玉がいつの時代も混乱や争い、

苦悩を人々に与えることで

結果的に人類は進化してきました。

そんな中、悪玉に対して

マトリックスから目覚める勇気を持ち

行動を起こす善玉はたったの1割ほどです。

あなたの善なる行動が

日和見な人へ影響を与えて臨界点を超えるとき、

集合意識は書き換わり、世界は変容します。

自然に戻ると
上手くいく!?

〜コントロールを手放して恵みを受け取る〜

現代人は、すべてを都合よく

コントロールできると考えていますが、

力づくでコントロールしようと思えば思うほど、

コントロールできない状況が生み出されます。

たとえば、病気に負けないようにと

多くのクスリを使った結果、

世界規模で薬害が拡大しつづけています。

また、近代農業では

虫や微生物を殺す農薬を使い、

畑に化学肥料を撒きますが、

その結果自然の循環は壊れ、

農薬による健康被害は過去最高となっています。

自然農法では農地を耕さず、

肥料・農薬を用いず、草や虫を敵としません。

そこに生きている虫、微生物、雑草等の力を

最大限に生かして作物は育ちます。

人がコントロールを手放し自然の循環へと戻るとき、

大自然は大いなる恵みを惜しみなく与えてくれます。

「ゆるむ」ことは
最強!?

〜100パーセントの力を発揮する方法〜

緊張している人や頑張ろうと意気込んでいる人は、

100パーセントの力を発揮できません。

仕事、勉強、スポーツ、人間関係……。

あなたも、すべてにおいて力んでいる時に

失敗した経験があるはずです。

逆に欲を出さず、カッコつけず、ありのまま、

自然体で取り組んだ時に上手くいくのは

「ゆるんでいる」からです。

合気道の真髄も、呼吸を整え

丹田に意識を置いたまま「ゆるむ」ことです。

完全にゆるんだとき、

相手がいくら力で動かそうとしても

びくともしなくなり、

逆に相手を意のままに動かせます。

人はゆるむことで気（エネルギー）が満ち、

そのエネルギーを動かして

相手を導くことができるのです。

そのためにも、まずは、

全身に力を入れて「力んで」から、

ゆっくりと息を吐きながら「ゆるんで」みてください。

すると、

エネルギーが全身に流れ込み心が満たされて、

今この一瞬の素晴らしさを感じることが

できるはずです。

「陰陽五行」で
健やかになれる!?

~森羅万象のバランスの中で生きる~

自然界は陰と陽で成り立ち、

5つ（五行）の要素と関係性に分類できます。

「木」は燃えて「火」を生み、「火」が燃えて「土」になり、

「土」からは「金」ができ、

「金」はその表面に「水」を発生させる。

また、「木」は「土」の養分になり、

「火」は「金」を溶かし、

「土」は「水」を汚し、「金」は「木」を切り

「水」は「火」を消す。

お互いに「相生」＝助ける、「相剋」＝抑制する

という2つの関係性を持っています。

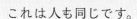

これは人も同じです。

では、ここで質問ですが、

悲しんで泣いている子どもを泣きやますには

どうしたらいいでしょうか?

その子を怒ることで泣きやませることもできますが、

その子はさらに悲しみや恐れを感じるでしょう。

そして、それが後でトラウマとして残ったり、

恨みを抱かれたりするでしょう。

反対に、その子にもし優しく接したならば、

その子の恐れや悲しみの感情は消え、

ニュートラルな状態へと心の波動も整うはずです。

森羅万象のすべては補い合い循環しています。

陰陽のバランスを整えて循環の中で生きるとき、

あなたは心身ともに健やかでいられます。

見えないオーラの
しくみとは!?

～エネルギー・ボディの役割～

「あの人にはオーラがある」

と表現することがありますが、

人は本来目に見えないエネルギー・ボディを

感じることができるのです。

人間は目に見える肉体だけではなく、

さまざまなエネルギー体でできています。

まず、肉体に一番近く肉眼でも

一部の人には見えるオーラ層の「エーテル体」は、

肉体の生命力や左脳的な思考を司ります。

その次の層の「アストラル体」は感情を司り、

高次の意識とつながるフィールドです。

その次の「メンタル体」は「精神体」とも呼ばれ、

人間の思考や自己表現の発現の媒体となり、

一番外側の「コーザル体」は「仏性」とか

「ハイヤーセルフ」とも呼ばれており、

人間の"大いなる魂"は

コーザル体までをも含むといわれています。

人は眠ると肉体とアストラル体が分離し、

死ぬと未解消の感情であるカルマがあれば

再び肉体を持ち、

カルマがなければ輪廻を超えていきます。

あなたは地獄と天国の両方を体験できる

この星へ自ら望んでやってきました。

地球という遊園地を

思う存分に遊び味わいつくしてください。

波動は見える化
できる!?

～スゴイ先端波動機器～

見えない世界の波動は、

すでにテクノロジーによって見える化されています。

特に近年、

身体のさまざまな臓器や感情までも読み解き

可視化ができる先端波動機器が公開されています。

波動機器の歴史は、

古くは1922年に周波数治療器が製造され、

1960年代からは旧東ドイツ、ロシアなどの

旧社会主義国を中心に研究がなされ、

さまざまな波動測定器が生まれて進化してきました。

社会主義国では未病で元気に働いてもらうために、

病気になる前に状態を波動で測定するために

研究が進んだのです。

一方で西洋諸国では、

西洋医学と薬のみが推奨され、

波動医療は弾圧されてきたという歴史があります。

現在では、波動機器はさらに進化し一般公開され、

誰もが手軽に測定し、乱れた波動を調整し

改善できるようになりました。

将来は遠隔でも量子的な測定が可能になり、

心と身体や潜在意識へも働きかける波動医療が

当たり前になるでしょう。

一瞬で健やかになる方法

～心身の波動を整える～

1 自然と触れ合う

2 ゆっくり深呼吸する

3 五感と直感を使う

4 すべてが美しく循環し調和していると気づく

5 今ここに存在する奇跡に感謝する

Point

すべてのことは必然であるとゆだね、今生きている奇跡に感謝することであなたの細胞はよみがえり、健やかな波動へと心身は整います。風の音や鳥の声、川や海の音を聴き、美しく調和した自然と一体となることや、ゆっくりと息を吐き、全身の力をゆるめるのも効果的です。

オンラインで波動を整える波動機器の体感ワークショップに無料でご招待します。興味のある方は、右の二次元コードから LINE 登録して招待状をお受け取りください！

369の
波動法則

3と6と9は
高次元へつながる数字です。
369の波動法則によって
宇宙の真理を理解することができます。

369の波動法則とは

「あなたが3、6、9という数字の素晴らしさを知れば、宇宙へのカギを手にすることができる」と、偉大な発明家ニコラ・テスラは言いました。

　369は普遍的な宇宙の法則です。
　数字からはエネルギーを読み解くことができます。
　日本では古神道に伝わる「数霊」として、言霊と同じように数にも魂（エネルギー）が宿ることが解き明かされており、古代ユダヤでは、カバラの数秘術を用いエネルギーを読み解いてきました。

　たとえば、3を倍々にしていくと3、6、12、24……と続きますが、カバラ数秘術を用い1桁になるまでそれぞれ足すと3、6、3、6……と、永遠に3と6が交互に現れます。

Chapter8 ✦ 369 の波動法則

　172 ページの「369 の循環イメージ」の図を見てください。

　最初は 1 つの細胞が倍々に増えていくように、数字も倍にしていくと 1、2、4、8 となり、その次は 16 ですが、16 を 1 桁まで足すと 1 ＋ 6 で 7 となります。

　16 の倍は 32 ですが、3 と 2 を 1 桁まで足すと 5 となります。

　また、1、2、4、8、7、5 の数字は物質世界の数字といわれます。

　隣り合う 2 つの数字を足すと 3 と 6 が交互に現れ、3 と 6 を足す（統合する）と 9 となります。

　3 と 6 は陰陽の二元性を表し、3 と 6 を足した 9 は陰陽統合＝はじまりで終わり＝すべてです。

　3 と 6 と 9 は高次元へつながる数字であり、369 の法則によって宇宙の真理を理解することができます。

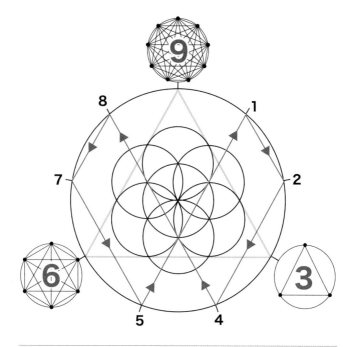

369 の循環イメージ

時計回りの矢印は 3 次元世界の創造を表します。最初は 1 つだった細胞が倍々に増えていくように、1、2、4、8、その次は 16 ですが、1 桁まで足すと 1+6 で 7 となり、次は 32 ですが、1 桁まで足すと 3+2 で 5 となります。1、2、4、8、7、5 の数字は物質世界の数字といわれます。隣り合う 2 つの数字を足すと 3 と 6 が交互に現れ、3 と 6 を足す（統合する）と 9 となります。

出典：「あなたが宇宙の創造主」

Chapter 8 ✳ 369 の波動法則

創造のために
破壊が起きる!?
〜369のサイクルとは〜

「私は、現状を維持していきたい！ 変わりたくない！」

これが人の自我に潜む本能です。

しかし、現状から抜け出し、

新しく何かを創るためには破壊も必要です。

「創造（3）」→「維持（6）」→「破壊（9）」

というサイクルが宇宙の法則であり、

369のサイクルです。

今、世界は「破壊（9）」の時代を迎えており、

これまでの世界は崩壊していきます。

しかし、「創造（3）」と「破壊（9）」は

コインの表と裏のように1セットであり、

恐れる必要はありません。

外の世界の崩壊をきっかけに

外側に向けていた意識を内側に向け、

新しい世界を創造していくのがあなたです。

数字に隠された
意味とは!?

～高次元からのメッセージ～

日常生活の中でゾロ目の数字を見たなら、

それは目に見えない世界から、

あなたへのメッセージだと捉えてみてください。

人類は古来から数字のエネルギーを

読み取ってきました。

古代ユダヤでは、

カバラ数秘術で運命を読み解いてきましたが、

数秘術は、現在の占星術や

「エニアグラム（図形をシンボルとして発展した性格タイプ論）」

にも通じています。

古代中国では「易学」として、

日本では古神道に伝わる「数霊」として

言霊と同じく数にも魂（エネルギー）が宿ることを

解き明かしています。

西洋ではゾロ目を「エンジェルナンバー」として、

高次元の存在（天使）からのメッセージと捉えています。

たとえば、「1111」は「願いが叶う前兆」であり、

「3333」は、「すべてが叶う強運」であり、

「5555」は「変化の時」であり、

「8888」は「繁栄する」などという意味が

あるとされています。

ゾロ目の数字は、

あなたが魂に沿って生きているというメッセージです。

ゾロ目を頻繁に目にするようになると、

やがて偶然という名の奇跡は日常となります。

古神道で見る
「9×9」という真実の世界
〜隠された17の真実〜

日本に古来より伝わる古神道では、

宇宙の森羅万象を「9×9＝81」

という数字で表現しています。

これをご説明すると、

9×9＝81として81個のマス目に、

縦・横・斜めのどちらから数字を足しても

「369」になるように数を並べた「369(弥勒)の魔方陣」

というチャートが作成できますが、

これは、宇宙の森羅万象の法則性を表しているのです。

日本の将棋では9×9のマス目の盤を使いますが、

チェスでは8×8のマス目の盤を使います。

中国の「八掛」の考え方や、

西洋医学・生物学の 64 の染色体の数の考え方は、

8 × 8 ＝ 64 でしか世界を見せておらず、

「81 (真の世界) － 64 (限定の世界) ＝ 17」 として

「17」 の真実を隠すことで

人々をコントロールしてきました。

ご存じのように、 コンピュータは

「0」 と 「1」 のビットによる 2 進数であり、

2、4、8、16、32、64 と表されますが、

これがまさに意図的に閉じ込められた

「檻 (マトリックス)」 なのです。

しかしいずれ、人類がマトリックスから目覚め、

多次元的につながる無限の力にアクセスし、

真の力を取り戻す日が訪れるはずです。

4	9	2
3	5	7
8	1	6

※魔方陣 3×3

魔方陣とは、n×n 個の正方形の方陣に数字を配置し、
縦・横・対角線のいずれの列についても、
その列の数字の合計が同じになるもののこと。

369 の魔方陣

31	76	13	36	81	18	29	74	11
22	40	58	27	45	63	20	38	56
67	4	49	72	9	54	65	2	47
30	75	12	32	77	14	34	79	16
21	39	57	23	41	59	25	43	61
66	3	48	68	5	50	70	7	52
35	80	17	28	73	10	33	78	15
26	44	62	19	37	55	24	42	60
71	8	53	64	1	46	69	6	51

「369の魔方陣」について

　369の魔方陣は、9×9＝81の数字で構成されており、縦横斜めの列の数字をそれぞれ足すと369となり、シンメトリーとなる数字（たとえばチャートの濃いマス目）を足しても369となります。また、真ん中を中心に相対する3つの数字を足すと123となります。

　真ん中のマス目は41ですが、伊勢神宮の内宮の柱の本数を数えると芯柱は41本。拝殿の横幅は3丈6尺9寸と決まっています。

　また、国際電話の国番号を見てみると、現在の文明の中心であるスイスは41で日本は81。この言霊を数霊に変換すると、「41」は神、血液、富士山、アマテラスなどと同じであり、また、日本神話で最初に出現した神である天之御中主の数霊でもあるのです。

　さらには、原子核を構成する「陽子」と「意志」の持つ波動コードとも同じなのです。

　つまり、あなたの「意志」から宇宙は生まれたという法則を369は解き明かしているのです。

男性性と女性性を
統合させる

〜2つの性エネルギーのバランスをとる〜

この3次元世界では、

人は必ず男か女かといった性別を持ち

生まれてきますが、

男女の区別なく誰しも男性性と女性性の

エネルギーの両方を持っています。

男性性は論理的、左脳、社会、物質的、

顕在意識、自我、陽、サヌキ等の

性質のエネルギーを担当し、

女性性は直感的、右脳、プライベート、

精神的、潜在意識、大我、陰、アワ等の

性質のエネルギーを担当します。

近代社会では、女性性を封じ込めて

男性性に重きが置かれたことにより、

多くの人がバランスを崩しています。

まずは、内なる女性性を認めて癒やし、

愛でて満たすことで、

内なる男性性のエネルギーも元気になり拡大します。

たとえば「弥勒菩薩（369 ぼさつ）」は、

男性性と女性性のエネルギーを統合した

高次の存在として描かれていますが、

あなたの内側にある

2つの性エネルギーを統合できれば、

その中心（ゼロポイント）から無限のエネルギーが

循環しはじめるのです。

ゼロという数字は
最強!?

〜ゼロには無限のパワーがある〜

「ゼロ(0)」は「無」を表す数字ですが、

同時に「無限」も意味しています。

1を限りなく0に近い数字で割ると

無限が現れるのは、

ミクロ(極小)＝マクロ(極大)ということでもあり、

この世界が「フラクタル構造」から成ることを

意味しています。

古来より聖地や「イヤシロチ(よい気が満ちた場所)」

と呼ばれるゼロ磁場では、

重なり合った地層と地層が相反する方向に働き、

プラスとマイナスのエネルギーが

バランスをとることで磁場は 0 となりますが、

とてつもなく大きなエネルギーがあることで、

命を育む場が形成されています。

真空という状態も何もないのではなく、

プラスとマイナスが同量、無限に存在しており、

爆発的なエネルギーが閉じ込められた

状態のことを言います。

人間の心も同じです。

プラス思考が良いとかマイナス思考を排除する

という問題ではなく、

自分の感情のすべてを受け入れて統合し、

心を正負のバランスを中心のゼロポイントに据えたとき、

過去や未来ではなく、今この瞬間にすべてがあり

無限の力を持っていたことを思い出すのです。

567後の世界はどうなる？

コロナ

〜やがて、369の世が訪れる〜

ミロク

仏教ではブッダの死から56億7千万年後の

滅びそうな世界に弥勒菩薩が現れ、

人々を救うと伝えられています。

では、それはいつなのでしょうか？

実は、「56億7千万年」という数字は

「遠い未来」の比喩であり、

ひ ゆ

「567＝コロナが現れた今の時代」であると

コロナ

読み解くことができるのです。

神道家の岡本天明が

昭和の初期に記した『日月神示』でも、

「五六七（ミロク）の仕組みとは弥勒の仕組みのことぞ」

と567をミロクと読んでいます。

天界の 6 人の仏、中界の 6 人の仏、

外界の 6 人の仏のうち、

天界から外界に降り立つ弥勒菩薩により

567 の配置になるからです。

また、水の結晶写真による実験では、

コロナは 2 つの顔を持っていました。

「コロナ」の文字に「恐れ」の文字を見せると

増幅されたネガティブな波動を映し出し、

反対に「愛・感謝」の文字を見せると、

増幅した愛の周波数を映し出したのです。

人類が恐れを手放し愛と感謝で生きるとき、

最高に素晴らしい世界＝ミロクの世は現れます。

そのためにすべての出来事は起きているのです。

水の結晶写真

「Covid19（新型コロナウイルス）」
の文字を見せる。

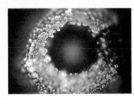

「Covid19（新型コロナウイルス）」・
「恐れ」の文字を見せる。

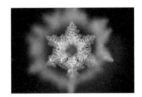

「Covid19（新型コロナウイルス）」・
「愛・感謝」の文字を見せる。

「新型コロナウイルス」に関連する
それぞれの文字を貼った瓶の中の水を、
シャーレに1滴ずつ垂らして冷凍し、
摂氏マイナス5度の冷蔵室に移して
倍率200から500の顕微鏡に取り付けた
カメラで撮影したもの。

資料提供:©合同会社オフィスマサルエモト

一瞬で新しい自分を
創造する方法

〜古い自分を破壊する〜

1 執着を手放す

2 創造のための破壊を受け入れる

3 古い価値観を破壊し手放す

4 新しい価値観と入れ替える

5 望む未来を創造する♪

Point

新しく生まれ変わりたいならば、まずは、古い自分を破壊しなければなりません。古い自分とは、執着して握りしめていた不要になっている価値観（観念）です。この宇宙の循環のサイクルの中で、新しいあなたと未来を創造してください。

369の波動法則とこのワークについての無料の補足動画をご用意しました。右の二次元コードからLINE登録してご覧ください！

Chapter
9

真実

隠された歴史や、
世界の真実を知ることで
人は偽りの情報から目覚め、
主体的に生きはじめます。

そして、
その先にある真の目覚めへと
導かれるのです。

真実を知り、その先へ

　今、巨大な力がメディアやSNSを使い真実を隠そうと動いていますが、それは私たちが真実に目覚めないようにするためです。

　私たちが教えられた人類の歴史も、ニュースで報じられている出来事も、ほぼすべてが嘘であり、隠された意図を持っています。

　魚座から水瓶座の時代へと移った今の時代は、真実が暴かれる時期を迎えており、隠された人類の歴史や大いなる策略によって進められた数々の真実が暴かれています。
「陰謀論はやめて！」と思う気持ちもわかりますが、目を背ければ背けるほどに恐れは増幅してしまいます。

　私自身、2001年に起きた9.11事件をきっかけに世界の真実について独自に調べはじめ、世界の大いなる闇につい

て知るようになりましたが、最初に真実を知った時の衝撃はとても大きなものでした。

　真実を知ることは、それまで自分が信じていたことをすべて覆すことでもあり、それまでの人生を否定することにもなるからです。

　そこから数年間は私自身も恐怖や怒りを覚え、無力感に陥ったこともあります。やはり、多くの人が真実から目を背けるのは、それに耐えられないからです。

　しかし今、すべてを直視する時です。

　もし、恐れが出たならば、その思いを受け入れて恐れのもとになっている観念を手放す時です。

　同時に、「自分はちっぽけな存在であり、外側にある大いなる力には逆らえないんだ！」という洗脳からも目覚める時です。

　大いなる力を持っているのは、この世界を自ら体験したくて創造したあなたの方です。

　それが一番大切な真実です。

思考停止のワナに
ハマらない

〜あなたは "変人" だっていい〜

人は幼い頃から、

自らが自発的に考えないような

スタイルの教育を受けてきました。

学校教育では暗記がよしとされ、

正解を即座に出せる人が優秀とされてきました。

職場や社会においても同様に、

自ら考えて行動する人は

普通ではない異端児とされます。

たとえば、世間の "おかしさ" に気づき

自ら思考をしはじめた人に対しては、

変人や陰謀論者というレッテルを貼り、

それ以上考えてはダメだと

思考停止するようなワナが仕掛けられているのです。

でも、多数派に合わせる必要もなく、

普通になる必要もありません。

人は本来、皆それぞれ違うのが当たり前であり、

皆が変人でいいのです。

思考停止のワナから抜け出したとき、

人は本来持っている自由を取り戻し、

本当の自分を生きはじめます。

操作されてきた思考

〜直感で真実を見抜け！〜

あなたの思考は、

自主的に考えた結果であると信じて

疑わないかもしれませんが、

実は、そのほとんどが

意図的に導かれ操られた思考である

と言われたらどうでしょうか？

王は民を支配するために思考を操作します。

王は相反する思想を持たせて両者を戦わせ、

双方を支援して民をコントロールしてきました。

2つの意見を戦わせ解決策を提示する

「正・反・合＊」という弁証法を用いることで、

ピラミッド社会を維持してきました。

Chapter 9 ✦ 真実

今、人類は

そんなマトリックスの世界から目覚める時です。

真実を見抜くためには、

視点を上げ、直感を研ぎ澄ますことです。

＊ヘーゲルの弁証法における概念の発展の三段階（定立・反定立・総合）のこと。

古代エジプト
『死者の書』の叡智とは？

~死への恐怖を超えて生きる~

仏教やキリスト教など

世界の宗教的思想のルーツは、

古代エジプトの３大ピラミッドから発見された

『死者の書』の叡智にもとづいています。

エジプト神話の女神「イシス」が

神「オシリス」を供養した方法である

「死者の魂をさらなる次元に引き上げ、

次の人生（来世）に送り出す」という概念が

後のすべての宗教の源泉となる叡智であり

「秘宝」となったのです。

人は、生と死を超えて魂は永遠であるという

Chapter9 ✦ 真実

真実を受け入れたとき

死という根源的な恐れを超えて

生きることができます。

そして、魂が喜ぶ人生のクリエイターとして

目覚めながら生きることができるのです。

魂は永遠に
生き続ける

~生と死の呪縛を超えよう~

「人は肉体だけの生き物で、死んだら何も残らない」

というのは本当でしょうか?

いいえ。魂は永遠です。

人は、生と死を何度も経験しながら

輪廻転生を繰り返しています。

肉体の周りにあるエーテル体・アストラル体・

メンタル体・コーザル体といった

魂のフィールドすべてがあなたです。

これまで、「肉体がすべて」という洗脳により、

利己的な物質主義の社会が構築されてきました。

「魂なんてない!」という教えのもと、

Chapter 9 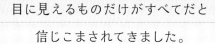 真実

目に見えるものだけがすべてだと

信じこまされてきました。

そろそろ人類はそんな洗脳から目覚める時です。

魂の真実に目覚めたとき、

人は生と死という呪縛を超えて

永遠を生きることができるのです。

1ドル札にある
「プロビデンスの目」
の秘密とは!?

~右回転と左回転の違い~

古代エジプトの神話に登場する神、「ホルス」。

「ホルスの目」は、松果体の位置がある

「第3の目」のシンボルとして知られ、

神秘的な力があるとされてきました。

右目は「ラーの目」と呼ばれ、

「太陽の象徴」として調和を示し、

左目は「ウジャトの目」と呼ばれ、

「月の象徴」として分離(我)を示しています。

米ドルの1ドル札にも描かれている

「プロビデンスの目(ピラミッドの図柄の頂点にある目)」も

この左目を意味しているといわれています。

世界中のセレブリティたちが

右目を隠した写真を公開したり、

象徴的なシンボルのポーズを取ったりしているのも、

このプロビデンスの目を表現していると

いわれています。

ちなみに、

西洋文化では文字も左から書きますが、

左回転は物事を締め付けて

静止させる力があるとされています。

DNA 構造は、右巻き螺旋です。

右から文字を描く日本人こそ、

循環する文明を築く力を持っているのです。

地球最古の
古代文明とは!?

～シュメールより古いレムリアと
アトランティスの文明～

現代文明は古代文明より進歩していると思いますか？

いいえ。実は、

人類は古代の方が現代よりもはるかに

進化した文明の中にあったのです。

歴史上、世界最古の文明は

紀元前3500年頃の「シュメール（メソポタミア）文明」

だといわれていますが、

そのはるか昔にあった「レムリア文明」では、

人々は霊的に宇宙と調和した文明が築かれ、

また、「アトランティス文明」では、

現代を遥かに凌駕する科学が発達していました。

日本では、1万2千年前の土器も発見されており、

つまり、シュメールの時代よりも前に

縄文文明があったということになります。

現在の歴史には、民を統治するために

意図的に隠された秘密があります。

その謎に気づき、真の歴史を知る人こそ

マトリックスから抜け出し

意識の目覚めが加速するのです。

650万年前の隠された
人類史とは!?

〜金星から降臨した「サナト・クマラ」〜

世界最古の文明は、歴史上表向きには

シュメール文明（紀元前3500年頃）といわれていますが

日本には1万5千年の歴史があるといわれる

熊本の「幣立神宮」や、

京都にはさらに古い時代の言い伝えもあります。

「鞍馬天狗」の舞台でも有名な鞍馬山には、

650万年前にアセンデッド・マスターの

「サナト・クマラ」が金星より降臨した

という伝説がありますが、

現存する最古の人類の化石もちょうど650万年前です。

もし、宇宙人のDNAを改変したことで

人類が誕生したとするならば、

「ダーウィンの進化論」では辻褄^{つじつま}が合わなかった

ミッシングリンク（連続性が欠けた部分）も

埋めることができるでしょう。

サナト・クマラの伝説は、

ヒンドゥー教をはじめシュメールやエジプト文明など

世界中に類似する神話として描かれています。

太古の昔、人類はサナト・クマラなどの

宇宙存在から誕生したのが真実だとされています。

また、京都の「祇園^{ぎおん}」とエルサレムの「シオン」の

ように似た言葉があることからも、

各文明はつながりあっているのです。

これらの真実に気づくとき、

人類は大いなる叡智と再びつながり、

素晴らしい文明を築くことができるでしょう。

300万年前に「富士王朝」があった!?

~日本の真の古代文明を探る~

『古事記』『日本書紀』より古いといわれる

『ホツマツタヱ』という古文書には、

富士山のあたりに300万年前から「富士王朝」

という文明があったという記述があります。

『古事記』や『日本書紀』には、不思議なことに

日本最高峰の美しい富士山のことが

一言も出てきませんが

それは、公の歴史よりも前に王朝があったことを

意図的に隠すためだったのかもしれません。

日本最古の神社で山梨県にある「宇宙神社」

とも呼ばれている「不二阿祖山太神宮」では

Chapter 9 ✦ 真実

ムー大陸の絵文字の1つであるといわれる、

卍（まんじ）の紋様の一種である「スワスチカ」が飾られており、

このシンボルが後に、

キリスト教では「十」、仏教だと「卍」のように

世界の多くの文化や宗教で伝承されています。

公の歴史を超えた

隠された日本の古代文明に思いを馳せるとき、

あなたの中に眠る"何か"がよみがえることでしょう。

カタカムナ文明
とは!?

〜「マワリテメクル」時代に生きる〜

日本語の48音は7千年以上前から伝承されている

世界最古のコトバですが、

日本には縄文時代よりも

さらに昔の1万2千年以上も前に

「カタカムナ文明」があったといわれています。

現代でも数え歌として伝承される、

「ひふみ祝詞」にも共通する

「カタカムナ48音」には

「ヒフミヨイ（12345）　マワリテメクル（陰陽循環）

ムナヤコト（6789）」とあるように、

音であり波動であるコトバが

「言霊」「数霊」「形霊」の見事な連動で

宇宙の真理を表しているのです。

「マワリテメクル」とあるように、

ちょうど今、1万3千年周期で

宇宙の周期が地球に巡ってきていますが、

宇宙のエネルギーが

さらなる次元へと覚醒し変容を促すために、

あなたに降り注いでいます。

未来に心配は
無用!?

~ただ世界を遊び尽くす~

多くの人は、

まだ起きてもいない未来に不安を抱きますが

心配すればするほどに、

マイナスな未来に意識を与え続けることになり、

その未来を現実化してしまいます。

「心配」とは「心を配る」こと、

つまり、あなたの持つエネルギーを分配する行為です。

心を配るなら、

本当に望む現実へエネルギーを与えてください。

もし、特に望むことがないなら、

あなたが生きている奇跡に感謝して

至福を感じてください。

Chapter 9 ✦ 真実

　　　　　すると、

気づけば「これが自分の望む未来だ」

と思える現実が立ち上がってきます。

　　　主人公として楽しむために、

あなた自身が創造したこの世界のアトラクションを

　　　　遊びつくしてください。

真実は１つじゃない!?

〜あなた専用の宇宙で生きる〜

あなたにとっての真実は１つですが、

人の数だけ真実はあります。

「正しい」とか「間違っている」といった

二元的な価値観の中で、

つい、人は自分の真実が

他人の真実であるかのように錯覚します。

真実は１つだと正義を振りかざして

敵をつくり、争います。

人の数だけ世界があり宇宙があります。

この宇宙のクリエイターは、あなたです。

その真実に気づくと世界から対立は消え、

あなた専用の宇宙を思う存分に楽しむことができます。

一瞬で真実を見抜く方法

～心のセンサーをオンにする～

1. 対象をじっと見る

2. 客観的に考える

3. 違和感をチェックする

4. 五感すべてで感じ取る

5. 心の声を聴いてみる

Point

現代人は、違和感という直感のセンサーを OFF にしたままで目に見えるものだけを信じています。だまされるのはもう終わりにして、その奥に潜む真実を、五感＋直感という心のセンサーを使って見抜いてください。

このワークと真実についての無料の補足動画をご用意しました。右の二次元コードから LINE 登録してご覧ください！

Chapter
10
目覚め

３次元のマトリックスの
檻から抜け出すと、
この世界のプログラムを
書き換えられる、
創造主（クリエイター）として
あなたは目覚めます。

マトリックスの世界から
抜け出すために

　人類のほとんどが意図的な「情報空間＝マトリックス」の中に囚われています。

　マトリックスのプログラムは、人間を勝ち負けや比較などの二元的価値観の３次元空間に閉じ込め、人間が本来持つ無限の能力と無限の価値を見えなくしています。

　人々は、学校や社会においてマトリックスプログラムに忠実であるように教え込まれ、そうでない者は異端児として扱われてきました。

　また、生活環境においても添加物や農薬、遺伝子組み換え、電磁波といった外部要因によって、大いなる意識へのつながりは阻害されてきました。

　さらには、パンデミックや戦争、飢餓といった恐怖を与

えられることで、意識の目覚めも抑制されてきたのです。

　かつての私も学校や社会に従順に従い、自分では何も考えなかったので、自分自身には何の力もなく、無価値な存在だと思っていました。
　社会に出ても勝ち負けの世界にどっぷりと浸かり、経済システムの檻の中で日々消耗していました。
　そんな生活の中でお金にも困窮し、もう死のうかと思うほど追い詰められた時、ふと、マトリックスの中に囚われている自分に気づいたのです。

　それ以来、目覚めた人としての「アウェイクナー」として生きることが、私のライフワークとなりました。
　今ではマトリックスから目覚めるための情報を毎日発信し、書籍などを通して「あなたがこの世界の創造主なんだ」というメッセージを伝え続けてきました。

　私たちは、「大いなる意識」が肉体に宿った存在であると目覚めたとき、マトリックスの檻から抜け出し、この世界のプログラムを書き換えることができるのです。

煩悩は
なくそうとしない

〜やがて愛となる〜

人は煩悩（感情）をなくそうと努力しますが、

排除しようとすればするほど

煩悩は大きくなり消えることはありません。

煩悩は悟り（菩提）の縁となる

「煩悩即菩提」という仏教の考え方があります。

だから、自分の中のすべての「煩悩＝感情」を

受け入れてください。

すべての煩悩（感情）を味わうために

出来事は起きてくれています。

体験から逃げるのをやめて、

すべての感情を積極的に味わってください。

Chapter 10 ✳ 目覚め

すると、やがてすべての感情が混ぜ合わさり

「愛」となります。

その時、起きるすべての出来事が喜びとなり、

あなたの世界には幸せと感謝しかなくなります。

頑張らない方が
うまくいく!?

～古い価値観を手放す～

頑張ることは素晴らしいと

子どもの頃から教え込まれてきたことで、

頑張らないと何かを達成できないという価値観を

多くの人が持っています。

その価値観は集合意識にまで広がり、

潜在意識にまで深く根を下ろしています。

その価値観の裏には、

頑張って競争に勝たないと生きていけない

という価値観があり

さらにその根底には、世界は有限であるという

制限された世界観があります。

本来この宇宙は無限であり、

何の制限もありません。

頑張らない方が上手くいきます！

古い価値観は手放してください。

「頑張ります」
と言わないで

～呪縛を消せば上手くいく～

人はまるで挨拶のように

「頑張ります！」とか「頑張って！」と言いますが、

その言葉のせいで、

人は「頑張らないと実現できない！」

という観念を強く持ってしまっています。

そして、その観念は

生活の中にストレスを生み出します。

やがて頑張る人は、

頑張らない人をいつしか裁きはじめます。

でも、頑張ると

心と身体に不必要な力みを生み出し、

100パーセントの力を発揮できません。

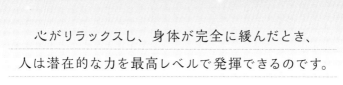

Chapter 10 ✦ 目覚め

心がリラックスし、身体が完全に緩んだとき、

人は潜在的な力を最高レベルで発揮できるのです。

だから、すべてをゆだねてください。

あなたの世界から頑張らないといけないという

呪縛を消しましょう。

すると、あなたの世界はリラックスしながらも

なぜか上手くいく世界へと変容します。

内が先、外は後!?

~あなたの心が現実を創る~

さまざまな分野で、この世界には

もともと何もないことが説かれています。

そのことを仏教では「空」、

老師は「無」、西洋哲学では「一者」、

カバラでは「ホア」、科学では「真空」と呼んでいますが、

何もない「無」から「有」を生み出すには

どうすればよいのでしょうか？

これについて、「カタカムナ（相似象学）」では

「この宇宙カタ（現象界）は

カム（潜象界＝見えない世界）からナ（成）ったもの」と

説いています。

仏教では「色即是空　空即是色」として、

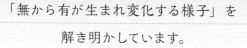

「無から有が生まれ変化する様子」を

解き明かしています。

科学では真空に高エネルギー波を照射すると、

電子と陽電子が対になって発生することが

わかっています。

人間の心は高いエネルギー波動を持っています。

無から有を生むすべての根源は

人間の "意識" なのです。

外の世界は、

過去のあなたの心の波動が現象化した世界です。

これからは、あなたがこの世界を創ってください。

悟りは不要 !?

〜悟りたい人は悟れない〜

「悟れたら幸せになれる」と思い
悟りたいと願う人がいますが、
「幸せになるために悟りたい」と思う人は
幸せにはなれません。

悟るために修行が必要だと思う人も
苦難の人生を歩みます。
悟りは幸せの手段でしかありません。
幸せになりたいのなら、
その手段ではなく幸せそのものに
意識を向けてください。
今、幸せを感じてください。
今この瞬間に生きる奇跡に感謝してください。

悟りとは、「悟りは不要」だと悟ることです。

「量子的飛躍（アセンション）」は いつ起きる!?

〜次元上昇のタイミングはそれぞれ〜

アセンションとは、

「量子的飛躍（クォンタムジャンプ）を果たし

次元上昇をすること」です。

あなたは、この量子的飛躍を経験するために、

地球が5次元へと移行する

このタイミングに生まれてきました。

これまでに、レムリアやアトランティス、

シュメールといった文明へも転生しながら

さまざまな人生での経験を重ねて

準備してきたのです。

二元的マトリックス世界から抜け出し、

意識を拡大してください。

自分の中にある善悪のような

二元的な観念を統合し手放すと、

あなたはさらに軽くニュートラルな状態となり

高次へと進んでいきます。

アセンションは皆で一緒に起きるものではなく、

あなたにとって最高・最善のタイミングで訪れます。

ニュートラルになる
とは？

〜"真ん中"を知るために〜

人は自分が負けないように、損をしないようにと

悪を排除しようとしますが

この世界は、すべて

「昼と夜」や「男と女」のように

陰と陽の二極で成り立っています。

悪役がいて、初めてドラマが生まれるのです。

つらい体験をした人は、

幸せをより強く感じられます。

他人がいることで、

あなたは自分を知ることができるのです。

二極的な体験を味わうことで、

初めて「ニュートラル＝真ん中」の

度合いがわかるのです。

　　心がニュートラルな状態になると、

　　すべての価値は同等となります。

　その時あなたは、二元的な世界を抜け出し、

二極は統合されて創造主の意識へと至ります。

あなたが「主人公」であるという証拠とは!?

〜「モブキャラ」じゃない！あなたが描いたストーリー〜

「私なんて、この世界のサブキャラ。

いてもいなくてもいいモブキャラ

(その他大勢の群衆キャラ) だから……」

と思っている人が多いのですが、

あなたは間違いなくこの世界の「主人公」です。

「そんなワケない！ 私はフツーの一般人だし……」

と思うのも当然ですが、

家政婦やホームレスの人たちにだって

ドラマがあるように、主人公は

ヒーローやヒロインである必要はないのです。

人はモブキャラとして生きるなら、

ただ受動的に他人の人生を生きることになります。

でも、「自分が人生の主人公」だと気づくとき、

人は初めて主体的に生きはじめるのです。

あなたの人生を振り返ってみてください。

すべての出来事があなたを成長させ、

たくさんの気づきと目覚めがあったはずです。

それが主人公である証拠です。

そして、この壮大なストーリーを描いたのは

創造主でもあるあなたなのです。

あなたは私、 私はあなた!?

〜分離から統合の時代へ〜

人は大人になるにつれ

「自分と他人」を分離して自我を持ちますが、

いつしか自我だけを肥大させて、

心の奥底に"大いなるあなた"を閉じ込めます。

勝ち負け、得損、正義と悪といった

二元的な世界の中で、

多くの「こうあらねばならない」という観念を

握りしめて自我は肥大していきます。

人類は長い歴史の中で

究極の分離を体験してきましたが、

これからは統合の時代へと進みます。

あなたを分離させる古い観念を、

どんどん手放してください。

すると、あなたの自我（小我）は軽くなり、

あなたの中にいる大いなる自分（大我）が

目を覚まします。

その時、「あなたは私、私はあなた」

であったことに気づき、

感謝と歓喜の世界へと至ります。

意識を拡大する方法

～比較・判断をやめる～

今までの時代は、すべてにおいて

良いか悪いかを比較する世界でした。

比較のために知識を蓄えることが

良いことだと教えられてきましたが、

その結果、

知識を増やすほどに判断の基準が増え、

世界の分離は究極まで進みました。

これまで、2つの内のどちらかだけを選択し、

さらにそれを2つに分け、

さらにどちらかを選択することで、

限定された小さな世界へと

意識が閉じ込められてきました。

もう比較・判断するのをやめてください。

Chapter 10 ✦ 目覚め

すると分断された意識は倍々に拡大していきます。

世界から嫌な出来事、悪い人は消え、

あなたの意識は宇宙全体に遍満します。

その時あなたは、

小さき物（個）から全体（創造主）へと

生まれ変わります。

一瞬で籠の外へ出る方法

～マトリックスから目覚める～

① 常識を疑う

② こうあるべき！を手放す

③ 周りと合わすのをやめる

④ 人生の主人公だと目覚める

⑤ 人生のクリエイター（創造主）として生きる！

Point

ほとんどの人がマトリックスの檻の中に閉じ込められて、籠の外に出ようともしません。でも、籠の外に出るのは簡単です。自分がこの世界の主人公であると気づき、創造主として目覚め生きると決めること。ただそれだけです。

目覚めとこのワークについての無料の補足動画をご用意しました。右の二次元コードから LINE 登録してご覧ください！

Chapter

11

未来の
世界

新しい世界の創造のために、
今までの古い価値観は破壊され、
素晴らしい未来へと
時代は進化しています。

大転換の時代が来る！？

　現代の文明の闇は深く行き詰まり限界のように見えますが、夜明け前が一番暗いように、まもなく大転換の時を迎えます。

　マヤ文明では2012年以降の人類の意識変化が予言され、エジプト文明では自らの文明が滅び、後の文明はマトリックス（情報洗脳）の世界となるものの、最後にはそれも崩れ去り人類が目覚めて新しい世界をつくることが予言されていました。

　旧約聖書や『日月神示』でも、「闇は深くなるが最後には素晴らしい世界へと移行していく」という予言が残されています。

　未来の素晴らしい世界はもうすぐです。

Chapter 11 ✦ 未来の世界

そこでは奪い合いはなく人々は貢献し合い、自分が持っている個性を生かし自然と共生しながら、社会は循環しています。

ヒエラルキーではなく、仲間同士が作る丸いコミュニティ。
　まるで縄文時代の日本のようですが、今、オンラインサロンなどのオンラインコミュニティでは、場所を超えてつながりあう形で、理想のカタチができつつあります。

私は10年以上前から自身のオンラインサロンをはじめ、多くの他のオンラインサロンの運営にも携わってきました。
　自身の累計3万人以上のサロンメンバーを支えてきて、わかったことがあります。
　それは、共通の価値観を持った仲間とのつながりが、どれほど貴重で大切なものかということです。
　これからの時代は、リアルとオンラインをミックスした形で共通の価値観も持つ人同士がゆるくつながる新時代のコミュニティが、もっと盛んになっていくことでしょう。

あなたの意識の変容に合わせて、世界も素晴らしく変容していくはずです。

マヤのカレンダーの
意味とは!?

〜 2012 年から新しい世界がはじまった！〜

古代マヤ文明の暦が

2012 年の 12 月 21 日を迎えた時、

「世界の終わりが来たの？」と

多くの人が不安になりましたが、

実はこれは、紀元前 3113 年からはじまった

マヤ暦の 5200 年周期が終わり、

新たなスタートが切られた時期であることを

意味していました。

では、いったいどんな時代が

スタートしたのでしょうか？

2012 年まではこの宇宙は物質世界、

2013 年から精神世界へと変化したと

マヤ暦では捉えています。

さらに2012年から7年目の2019年からは、

よりスピリチュアルなエネルギーの高い

13年間がスタートしています。

今、多くの人が目覚めの過程を

それぞれのペースで経験しています。

ネガティブな世界の出来事でさえ、

すべてはあなたを目覚めへと導くための

大いなる宇宙の筋書きです。

資本主義は
終わりを告げる!?

～新しい精神文明へ～

資本主義という名のもとに作られた

お金をベースとしたヒエラルキー社会で、

人は「労働してお金を得ることで自由が手に入る」

という洗脳の中で生きてきました。

この洗脳の中にいる人は、

労働しない人には価値がなく

ヒエラルキーの歯車として働くことに価値があるとして

他人をコントロールしようとし、

自らも檻（マトリックス）の中へと

自分を閉じ込めてきました。

しかし、目覚めはじめた人類は今、

資本主義の時代を終え、

新しい精神文明へとシフトしていきます。

1つの文明が終わる今、

世界は破壊と混沌の中にいますが

すべては、新しい世界の創造のために

起きているのであり

あなたの内側の変容に応じて

世界は変わっていくのです。

まもなく金融リセットが
起こる!?

~ お金が終わる日 ~

2023年になり、

ついに海外からはじまった銀行の連鎖倒産は

いったい何を意味するのでしょうか?

かつては、現物のゴールドを基準とする

「金本位制」が敷かれていましたが、

1971年の「ニクソン・ショック

（米ドル紙幣と金との交換停止）」により、

金の担保なしに

通貨だけを大量に発行できるようになりました。

これにより、世界の金融資本家グループの所有物

といえるアメリカの「FRB（連邦準備制度理事会）」が

基軸通貨の米ドルをいくらでも刷れるという

詐欺的なシステムができました。

また、石油を買えるのは米ドルだけという

「ペトロダラー体制」で

世界をコントロールしてきました。

今、米国の通貨供給量は

ニクソン・ショック前の約30倍に拡大し、

過去最高に通貨の価値は薄まっています。

しかし、現在はロシアを含む「BRICS

（ブラジル、ロシア、インド、中国の4国）」の台頭により、

米ドルによる一極支配が

終わりを告げつつあることで、

まもなく金融リセットは訪れるでしょう。

これにより、

喜びを与え合うのにお金は必要ないという

人類の意識のシフトもまもなく訪れるはずです。

「女神力」の時代へ

〜内側にある女性性を目覚めさせる〜

地球の地軸は、23.4度傾いており、

2万6千年をかけて一周する歳差運動により、

1万2千年ごとに「父なる周期」と「母なる周期」が

入れ替わっているといわれています。

これまでの地球は、

拡大と争いを繰り返す男性的社会の中で

物質文明を繁栄させてきましたが

今、これまでの文明は崩壊の時を迎え、

新たな時代の創生がはじまりつつあります。

これからの時代には、

性別を問わず自分の中の「女性性」が大切になり、

競争力よりも共生力が、

そして、分析力よりも直感力が求められてきます。

あなたの内側に女性性の持つ神聖な

「母なる愛＝女神」のエネルギーを発見して

カギを開けたとき、

新たな精神的文明への扉が開かれます。

量子コンピュータで世界が変わる!?

~パラレルな世界へ~

　今、量子コンピュータが実用化されつつあり、

世界は大きな変化を迎えつつあります。

　これまでのすべてのコンピュータは

「0」と「1」の組み合わせで計算をしていましたが、

量子コンピュータは0と1だけでなく

0と1の重ね合った状態が加わることで、

従来のコンピュータの1億倍を超える

異次元の速さを実現しています。

　しかし、注目すべきは速さではありません。

量子コンピュータはパラレルな現実を

同時に計算しているのです。

これは、人類が二元性から

「非二元性（ノンデュアリティ）」へ向かう目覚めと

明らかにリンクしています。

０か１というジャッジをやめて、

どちらも OK という生き方を選択してみてください。

二元的な世界から抜け出し、

無限の宇宙が重なり合った世界で

体験したい宇宙を楽しめるでしょう。

量子コンピュータのしくみ

従来のコンピュータの「古典ビット」

0 **1**

スイッチが
OFF（数字の0）か
ON（数字の1）のどちらか

量子コンピュータの「量子ビット」

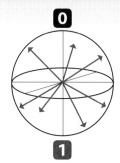

球体内の矢印がさまざまな
方向に向いた「重ね合わせ」状態

観測を
すると……

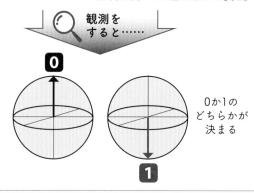

0か1の
どちらかが
決まる

従来のコンピュータは、「0」と「1」の組み合わせの

計算によるものだったが、量子コンピュータの世界は、

0と1が重なった状態が加わることでパラレルな現実が誕生する。

出典：『あなたが宇宙の創造主』

一瞬で未来を読む方法

〜時空のタイムトラベラー〜

❶ 論理的思考をやめる

❷ 直感で未来を感じる

❸ 異なる未来も感じる

❹ 今ここに留まりながら未来を感じる

❺ 最適なタイムラインは何かを感じ取る

Point

未来へつながるタイムラインは複数同時に存在しています。あなたは未来と今を行き来しながら最適な波動を感じて行き先を決めることができる、時空を旅するタイムトラベラーです。

未来の世界についての無料の補足動画をご用意しました。右の二次元コードから LINE 登録してご覧ください！

Chapter
12

望む未来を
創る

あなたの心の波動が
望む未来と共鳴することで、
夢はカンタンに叶います。

思いは
100パーセント叶う

　思いは100パーセント叶います。

　ただ、「思いは叶わない」という思いが"思い通り"に、あなたの世界を創っているのです。

　思いが叶わない場合は、不安や恐れが意識の奥に隠れているはずです。

　だから、もし現実を変えたいのなら、あなたの思いを変えてください。

　思いを変えるために意識の奥に隠れた観念（考え方）を発見してみてください。

　そして、その観念はもう不要だと手放せば、あなたの世界も同時に変わります。

　私自身、夢を叶えるために多くの方法を実験してきまし

た。

　実験ではスキルを高め分析し、努力してなんとか達成しようとするよりも、心の波動を整えて望む未来を先にイメージして味わい、感謝するという方法の方が、圧倒的に早く、ラクに願いが叶うことが自ら経営する複数の事業でも実証できました。

　そこで、実験の結果以降は、自分が楽しいと思えることだけにフォーカスし、子どものようにワクワクしながら波動を整え、感謝の心で仕事をしました。

　その結果、現在国内外に5社の会社を経営することができています。

　また、夢だった作家になること、家庭を持つこと、楽曲を作ること、公演をすること、映画を作ること、カフェを開くこと、世界中に旅行すること、アウェイクナー（目覚めのきっかけを作る人）になること……など、すべての夢が叶っていることにビックリしています。

　そして、20年間で数千人のクライアントに対してコンサルを行い、従来のやり方よりも遥かに大きな成果を出すことができました。

人は子どもの頃までは純粋に何かを願い、素直に表現しますが、大人になると「願ってもしょうがない」と夢をあきらめ願うことをやめます。

　でも、願いは必ず叶います。
　あなたがあきらめない限り叶います。

　人は願い事があると、すぐに叶えるための方法に意識が向かいますが、その後、「叶わなかったらどうしよう」という不安に囚われるのでその不安が叶ってしまうのです。
　だからぜひ、願い事が叶ったときのイメージの中で喜びを感じ感謝してください。
　その後は、創造主である大いなるあなたに願いを100パーセントゆだねてください。

　もし、万が一、願いが叶わないように見えても、それはきっと創造主であるあなたの深淵なるストーリーであり真の願いなのです。

Chapter 12 ✴ 望む未来を創る

すべて
思い通りになる!?
〜あなたに欠点はない〜

人は自分の思い通りに

他人や状況を変えようと必死になり、

変わらない他人や状況を見て不幸を感じます。

でも、他人を変えようとしても無駄です。

変えたい他人を生み出しているのは、

自分の思う"正しさ"から

人をジャッジしている自分です。

「じゃあ、自分のダメなところを変えると

他人も変えられるんだ」と

自己否定するのもやめてください。

あなたも他人も、

変えなくてはいけない欠点など何もありません。

この世界は、

あなたが体験をするために創った世界です。

全部あなたの思い通りになるこの世界で、

ただ起きてくる体験を楽しむことが

できるはずなのです。

「ねばならない」を手放すと
願いが叶う!?

~ラクに夢を叶えたいなら~

人は願いを叶えるためには、

「〇〇しなくては！」と、

「ねばならない」ことにすぐ意識が向きますが、

その状態で頑張るほどに

"ねばならない状況"は続き、

結局、「願いは叶わない」

というあなたの思いが叶い続けます。

つまり、ねばならないというジャッジは

人を裁き敵を作り、自分をも裁いて

自らを苦しめ続けるのです。

もし、あなたにねばならないことが１つあるとすれば、

それは目の前の人も状況も、あなた自身をも、

今ありのままで完璧であると認めることです。

目の前に現れた嫌な出来事、嫌な人もすべて、

さまざまな体験や感情を

味わわせてくれたとして感謝し、

ねばならないという観念を手放すことができれば、

3次元世界のマトリックス（檻）から自由になれます。

すると、あなたの願いは

純粋な物質化のエネルギー源となり、

思いはラクに現実化するのです。

夢を現実化する
コツは？

〜願望を叶える4つのステップ〜

多くの人は、

夢は叶わないものとしてあきらめています。

そこで、

「あきらめなければ願いは叶う、

なんて言葉はもう聞き飽きた！」

という人のために、

願いを叶えるためのコツについてお話しします。

1つめは、願望の気持ちをストレートに出すこと。

「私にはコレぐらいが妥当」などとせず、

本当に叶えたいことをストレートに願いましょう。

2つめは、「叶ったらいいな」と仮定の状態でなく、

願いが叶ったときの感情を今味わうことです。

3つめは、その願いがもう叶ったとして

先に感謝することです。

4つめは、3のステップまでを終えたら、

あとは宇宙にゆだね

その願望すら忘れてしまいましょう。

すると、あなたの願いは

最善な形で最適なタイミングで現実化されます。

現実世界は
あなたの投影

~スクリーンに映る世界を変えようとしない~

外側に見える世界は、

あなたが投影し映し出した世界です。

外側の世界を変えようと努力して、

何かが変わったとしても、

あなたが変わらないならば、

同じような現実は何度も繰り返し起きるでしょう。

外側に投影された幻影である

スクリーンを変えようと努力するよりも、

投影のもとである

あなたの内側の意識を変えることです。

あなたの内側にある意識が変容することで、

外側に投影される現実が変わります。

外側の現実は、

あなたの変容のために「気づいて！」と

何度もそのことが起きているのです。

このメカニズムに気づいたとき、

あなたは外側の世界にもう振り回されることはなく、

起きる現実に感謝して生きることができるでしょう。

思考を現実化する
カンタンな実験

〜空の雲を消してみよう♪〜

「思考は現実化する」と言いますが、

このことをカンタンに実験する方法があります。

それは、

「空に浮かぶ雲を、自分の思いの力を使って消す」

という「雲消しゲーム」です。

これは英国のスピリチュアル・ヒーラー、故ベティ・

シャインの著書にも記されていた方法を参考に

私が次のようなステップにアレンジしたものです。

① 空にある白い小さい雲を1つ見つける。

② リラックスする。

③ 自分の心からエネルギーが、

　　レーザー光線のように雲に届くイメージをする。

④「雲が消えました。ありがとう」と

過去形で感謝を声に出すか、心の中でつぶやく。

⑤ ぼーっと雲を見ながら、

雲が消えていくイメージを思い浮かべる。

雲が消えるまで③から繰り返す。

思考は現実化します。

雲が消えるのも消えないのも、

あなたの思考が現実化している証拠です。

未来が見えないのは
なぜ !?

~タイムラインを移行する~

人は未来を知りたいと願い、

その道の専門家や占い師などの

意見を聞こうとしますが

実は未来は決まっておらず、

あなたが未来を決めているのです。

時間は過去から未来に

一方向に流れているのではなく、

あなたの意識が変わるとき、

新しい時間軸へとシフトし、

異なるパラレルワールドへと移行するのです。

大いなるあなた（創造主）が、

あなた（主人公）に未来を教えてくれないのは

もっと素晴らしいタイムライン（時間軸）を

選択する可能性を常に与えてくれているからです。

あなたの意識の変容によって

変化する時間軸を自由に旅し、

さまざまな体験と感情を味わいながら

遊んでください♪

プロセスを
味わい楽しむ

〜人生はあなた作の壮大なストーリー〜

人は何かを求めたとき、結果が気になり、

そのプロセス（過程）をおろそかにします。

たとえば、旅行は道程こそが楽しいように、

映画は結末へ至るストーリーに魅了されるように、

人生は結果よりプロセスを味わうためにあるのです。

あなたが経験した

恐れ・痛み・悲しみといった体験でさえ、

人生に没頭するために描いた

大切なシナリオなのです。

そしてそのおかげで、あなたは

さまざまな感情を味わうことができたのです。

だから、今、起きていることから目を背けず、

プロセスである今を味わってください。

あなたが創った壮大な人生ストーリーの中で、

この瞬間を感じ味わい尽くしてください。

真の夢の叶え方とは!?

~本当の願いを知る方法~

ほとんどの人が自分の願いのことを勘違いしています。

誰かが創ったまやかしの価値観にもとづく願いを、

自分の本当の願いだと思っているのです。

欠乏と恐れをベースにした

これまでの世界における幸せとは、

常に誰かと比較し競争した結果、

勝ち取らなければいけないものでした。

しかし、そんな相対的な幸せを追い求めようとするなら、

人は永遠に満たされることはなく、

真の幸せには辿り着けないのです。

でも、誰かの評価に振り回される、

相対的な幸せという幻影を手放したとき、

あなたの中から真の願いが湧き上がるのです。

「もし、使いきれないほどのお金と健康と

理想的な人間関係を持っているなら、何をしたい?」

という問いの答えがあなたの真の願いです。

自分を満たす必要がなくなると、

人は本来持って生まれた個性を発揮して

他者へ貢献したくなります。

それぞれの個性は才能であり、

大好きなことに必ずリンクしています。

やるべきことではなく、大好きなことをしているとき、

人は絶対的な幸福を感じ、その結果、

現実化も早くなります。

そしてあなたは、真の夢を叶える人となるのです。

「感謝の法則」とは !?

〜望みと一体となる〜

「ありがとう」という言葉には無限の力が宿っています。

「ありがとう」の語源である「有り難し」は

「めったになく貴重である」という意味であり、

この言葉は、

当たり前でない奇跡の日常に感謝して

生きることの大切さを教えてくれています。

忙しい日常を過ごしている際の脳波は

「ベータ波」ですが、

人が感謝しているときの脳波は「アルファ波」になり、

心が鎮まっているはずです。

さらに心が鎮まったとき、

脳波は「シータ波」へと変わります。

その時、人は感謝をしようと思わなくても、

すべてに対して感謝が自然とあふれだしてきます。

自我は大いなる自分（大我）と一体となりますが、

これが愛やワンネス・創造主の意識

と呼ばれるものです。

すでに望みを叶ったこととして感謝すると、

小我の願望と大我の望みが一体となり叶う。

これが「感謝の法則」です。

ただ存在する
だけでOK

〜幸せは今ここにある〜

人間の幸せは、努力を積み重ねた結果、

ようやく訪れるものだと歴史の中で刷り込まれ、

その価値観は

私たちの潜在意識にまで深く刻まれています。

「何かをしなければ幸せにはなれない」

という価値観は、

自分には本来価値がないという錯覚を植え付けます。

無価値感はあなたを "力なき者" にし、

外側に有限の世界を映し出し、

争いの世界を投影します。

そして、常に今足りないという欠乏感から

お金のために働き、

劣等感や不足を埋めるために行動します。

あなたは本来、無限の価値を持った存在です。

何かしなければいけないことなどなにもありません。

ただ存在するだけで OK です！

そのことを思い出したとき、

「幸せは今ここにあった」と気づくのです。

意識＝光（フォトン）!?

〜永遠の寿命を持つ素粒子〜

ドイツの理論生物物理学者だった

故フリッツ・アルバート・ポップ博士は、

「意識は"光（フォトン）"である」と

説明していました。

光は素粒子なので意識も波の性質を持ち、

さまざまな周波数で振動しています。

ミクロの世界では、

素粒子は観測しなければ波のように漂い、

観測すると物質化することが知られていますが、

意識も同じです。

思いが現実化するのは、

その意識の波動エネルギーの結果です。

Chapter 12 ✦ 望む未来を創る

だから、

あなたが望むことに意識を向けてください。

その思いの周波数と共振した現実が、

遅れて世界に投影されます。

「だったら、ずーっと思い続けなきゃいけないの？」

と思うかもしれませんが、

素粒子の中でも、

唯一フォトンは永遠の寿命を持ち

死ぬことはありません。

あなたの意識から生まれたエネルギーも

消えることはありません。

安心してすべてをゆだね手放して、

永遠に続く魂の旅路を楽しんでください。

ペイ・フォワード
(恩送り) とは!?

〜世界は21日で変わる〜

人から恩を受けたとき、
その人に直接恩返しをするのではなく、
他の人々に向けて行うという考え方を
「ペイ・フォワード」と言います。

かつて映画にもなったこの概念は、
実は「恩送り」として、
昔の日本では
当たり前のように行われていた風習でした。

ところが、今では
古き良き価値観は破壊され、
物質主義が人々を恐れをベースとした

不足の価値観で支配したのです。

それは、「与えるよりも守り、

競争して奪わなければ生き残れない」

という思考であり、

これにより人々は分断させられたのです。

でも、もし映画の

『ペイ・フォワード　可能の王国』のように、

ある1人が善行を3人に対して行い、

その3人がまたそれぞれ3人に良い行いをすると、

たったの21日で世界の人口である77億人に

良いことが伝播していくのです。

たとえ3人ではなく、2人ずつだとしても、

たったの33日しかかかりません。

世界は変えられないのではありません。

変えられないと信じ込まされているだけです。

あなたの意識が拡大して愛にもとづく行動が

人から人へと連鎖的に拡大すると、

それはやがて世界中に伝わり、

望む世界は創造されるのです。

一瞬で未来を創る方法

〜今、未来の自分を味わう〜

❶ 未来のビジョンを明確にする

❷ その未来で何をしているかイメージする

❸ 未来の自分の感情を今、味わう

❹ 他人より未来の自分に憧れる

❺ 望む未来の自分のようにふるまう

Point

多くの人は他人に憧れ、自分と比較することで劣等感を持ってしまいます。望む未来のビジョンを描き、未来の自分に憧れて、その自分のように今すぐ行動しふるまってみてください。現実は望む未来へ向かって動きはじめます。

望む未来を創るための無料の補足動画をご用意しました。右の二次元コードから LINE 登録してご覧ください！

Chapter
13

宇宙と
波動の法則

あなたの意識の波動が、
この現実世界へと投影されています。
世界の創造主^{クリエイター}はあなたです。

Chapter
13

宇宙と
波動の法則

あなたの意識の波動が、
この現実世界へと投影されています。
世界の創造主はあなたです。

あなたが宇宙の創造主

　この宇宙はいったい誰が創ったのか？　それはあなたです。

　私は小学生の時からゲームのプログラミングをはじめましたが、ある日、「この世界は、まるでゲームと同じだ」と思えてきたのです。

　拙著『あなたが宇宙の創造主』でも述べていますが、自分自身がゲームの主人公として目覚め、ゲームを作成するプログラマー＝創造主としての意識で生きる時、人は真の目覚めへと進むのです。

　量子物理学の世界でも、人間の思考が現象を物質化していることを証明できているように、自分の内側が変わることでプログラムが変更され、その結果、スクリーンに映し出される結果が変わるのがこの世界の仕組みです。

　かつて、創造主であるあなたには、すべてのことが可能

Chapter 13 ✦ 宇宙と波動の法則

でした。

　波動の法則を知っていたあなたの望みはすぐに現実化し、欠乏はなく、すべてが満たされていました。

　そこで、創造主であったあなたは考えました。
「望むことはすぐには叶わない」という設定にして、「その過程や叶わないという体験をしたい！ そして、自分が創造主であることを忘れて生まれ、そのことを徐々に思い出す」という設定をしました。

　やはり、そのような設定をすることで、自身がこの世界の主人公として完全に没頭しながら生きることができるだけでなく、それを徐々に思い出すことでその過程を楽しめるからです。

　そして、創造主として目覚めながら生きるという体験も味わうことができるという、最高にワクワクする設定を思いついたのです！

　思い出してください。あなたがこの世界を創ったことを。あなたが体験したくて設定し、創造したこの宇宙のことを。
　この宇宙の創造主として、幻想から目覚めながら主人公を生きるとき、悩み・苦しみでさえ愛と感謝へと変わるのです。

宇宙は波（ナミ）から
生まれた!?

〜最新物理学でわかった！〜

最新の量子力学においては、

意識がないところには物質は存在しないことが

証明されています。

では、この宇宙はどうやって

創生されたのでしょうか？

日本神話で

「イザナギ」と「イザナミ」が生み出した世界は、

「波のない凪（ナギ）に波（ナミ）を起こすこと」

の比喩だそうです。

ギリシャ神話・エジプト神話・旧約聖書などで

同様の神話が登場するのも、

それが宇宙創生の真理だからです。

最新の物理学では、

すべてを構成する素粒子は点ではなく、

伸びた紐のようなものが振動している

「超弦理論」ですべては波であり、

波動であることも証明されています。

それでは、

何もない状態、凪（ナギ）から波（ナミ）を

いったい誰が何のために生み出したのでしょうか？

その答えは、

たった1つの光だったあなたが

「自分を知りたい！」と意識を持った時、

何もない真空（クウ）に波動が生み出され、

この宇宙は創造されたのです。

超弦理論とは？

近くで見ると…

1種類のひもから…

遠くから見ると…

別々の種類の粒子が
一緒にいるように見える

資料：「東京大学 大学院 理学研究科・理学部資料」より

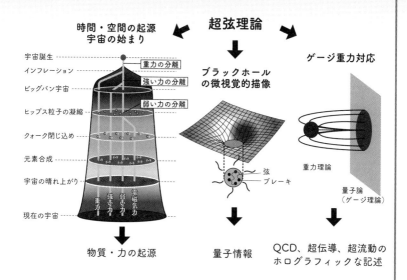

超弦理論とは？

超弦理論

時間・空間の起源
宇宙の始まり

ブラックホール
の微視覚的描像

ゲージ重力対応

宇宙誕生
インフレーション
ビッグバン宇宙
ヒッグス粒子の凝縮
クォーク閉じ込め
元素合成
宇宙の晴れ上がり
現在の宇宙

重力の分離
強い力の分離
弱い力の分離

電磁気力
弱い力
強い力
重力

弦
ブレーキ

重力理論

量子論
（ゲージ理論）

物質・力の起源

量子情報

QCD、超伝導、超流動の
ホログラフィックな記述

超弦理論によって、宇宙誕生のなぞや初期宇宙の進化、

ブラックホールのミクロな構造、物質や力の起源、

時間や空間が生まれた理由など

物理学上のさまざまな難問が解決できると期待されている。

資料：「東京大学素粒子物理国際研究センター」http://www.jicfus.jp/jp/2016-06/より

『日本書紀』にも描かれた
トーラスの秘密

〜宇宙創生の仕組みは「波」と「渦」〜

日本の神話における

イザナギとイザナミの「国生みの話」は、

量子物理学や宇宙の成り立ちを

わかりやすい比喩で表現したものです。

イザナギとイザナミの２人が

右回りと左回りで回転するという話は、

「はじまりは"波"であり"渦"である」

ということを説明したものです。

「渦」がトーラスのように循環しているのが、

この宇宙の真理です。

ミクロの世界では右回りと左回りの電子として、

マクロの世界では銀河の渦がこれを表しています。

あらゆる生命は動き＝「波」の動き＝波動であり、

動きのあるところには渦ができる。

そして生じたエネルギーの流れは、

あらゆる規模でトーラスの形をとっているのです。

神話、シンボル、文字、建造物などに

トーラスが表現されていることから

古代文明は、

このことを理解していたことがわかります。

あなたの意志がエネルギーの渦を生み、

その影として見えているのが

この現実世界なのです。

潜在意識を
味方にしたら無敵!?

~未使用の95パーセントの意識を使おう~

人間の持つ意識のうち、

自覚できない意識＝潜在意識が

95パーセントを占めているといわれています。

たとえば、顕在意識でいくら願っても、

潜在意識で否定していれば叶わないわけです。

では、どうやって潜在意識を

味方にすればよいのでしょうか？

かつて、潜在意識を提唱したフロイトは

大きな見落としをしていました。

それは、ユングによって発見された潜在意識は、

深いところでは

他者とつながっているという真理です。

あなたの潜在意識に潜むネガティブな観念を発見し

認めて感謝と共に手放すとき、

同じ課題を持つ他者の意識である

「集合的無意識」も変わり、

あなたの世界は変容します。

輪廻転生の
仕組みとは？

～マトリックスから抜け出すために～

輪廻転生は古代エジプト、インドのヴェーダ、

仏教に共通した知識であり、

エジプトやチベットの『死者の書』に

書かれているように魂は永遠です。

仏教では、

地獄・餓鬼・畜生・修羅・人界・天界の

６つの感情の世界から抜け出せないことを

「六道輪廻」といい

ほとんどの人は、

ただ自分に起きることに対して

反応的に人生を生き、

輪廻の輪に囚われています。

それはやはり、

地球の輪廻のマトリックスに

意図的に魂を縛り付けられているからです。

だから、そのことに気づき

輪廻のマトリックスから目覚めるとき、

あなたの魂は地球を超えて

宇宙に遍満する魂として

今世を自由に楽しむことができ、

さらには、来世にはさまざまな星へ

生まれ変わることもできます。

「空即是色」の
意味とは

〜あなたがいるから世界は在る〜

仏教に出てくる「空即是色」とは

「本来、物質（色）はない（空）」という意味ですが、

近年、量子力学や波動の観点からも

これが真理であることが証明されています。

観測したときだけ素粒子が物質化するのは、

人が意識を向けるまでは

そこには何もないという証明であり、

原子核を回る電子の間には

99.9パーセントの何もない空間があることからも

物質は実はスカスカで、

ほぼない＝空が真理であることがわかります。

すべては「固有の振動」＝波動を持っており、

その波動を観測したときに

初めて波動の違いによって

さまざまな物質として見える化され、

それを人は認識するのです。

そして、あなたが存在しなければ

この世界は空であり

すべては「無」となります。

それが宇宙の真理です。

人類は
宇宙からやってきた？
~あなたはスターシード~

この銀河には、

地球以外にもたくさんの文明が存在しています。

かつて地球に、さまざまな宇宙の種族が介入して

人類を誕生させました。

その宇宙の種族が、

世界各地に今でも神話として残る古代の神々です。

あなたも、幾重もの輪廻の中で

さまざまな星に転生を繰り返してきた

宇宙由来の魂、つまりスターシードです。

完全に自由だったあなたの魂は、

"不自由"を体験するために

大変革期であるこの時代を自ら選び、

地球という遊園地でさまざまな体験を

味わいたくてやってきたのです。

あなたは星の旅人

~宇宙の記憶を持つ人たち~

生まれる前の記憶を持つ子どもはたくさんいます。

いわゆる胎内記憶のほとんどは、

幼少期になるとその記憶を失いますが、

子どもの中には、

母親のお腹の中にいた時の記憶や、

生まれ変わる前の記憶を持つケースも

少なくはありません。

子どもたちは自らの意思で

家庭環境から自分の性格、容姿までを決めて

両親を選び生まれてきます。

最近では、前世のみならず

他の星の記憶を持って生まれてくる

子どもたちも増えています。

そんな子どもたちに

「なぜこの星に生まれたの？」と理由を聞くと、

地球の大きな変容のタイミングをサポートするために

自ら志願してやってきた、

と答える子が多く存在します。

このメッセージを見ている人もきっと、

この地球の変容をサポートするためにやってきた

「星の旅人」たちです。

人生はゲーム

〜あなたがゲームのクリエイター〜

広大な世界に生まれ出た、ちっぽけで無力な自分、

というのは幻想です。

人はこの世界の単なるサブキャラとして生きるとき、

ただ受動的に他人に従い、

まるでロボットのように生活をします。

次に、

自分がこの世界の主人公であると気づいたとき、

初めて人は主体的に生きはじめますが、

他人や状況を変えようと努力しても、

一向に変わらない世界に打ちのめされるのです。

やがて、あなたが

この世界の創造主（クリエイター）だと思い出したとき、

初めてこの世界の謎は解き明かされます。

すべては、

あなたが体験したくて創造した人生ゲームです。

それが理解できると、

責任を他人や世界のせいにすることもなく、

すべてを引き受けて覚悟して生きることができます。

他人と自分の境界線は消え、

あなたは私、私はあなたとして

目覚めながら人生ゲームを最高に楽しめるのです。

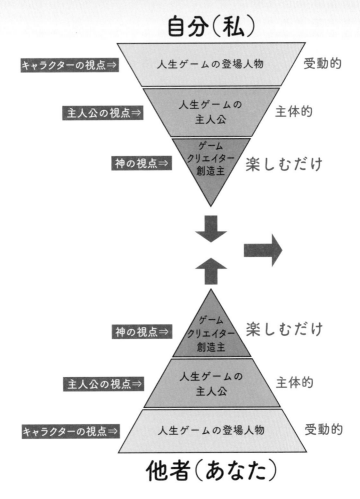

人生ゲームの3つの視点と統合

自分（私）

キャラクターの視点⇒	人生ゲームの登場人物	受動的
主人公の視点⇒	人生ゲームの主人公	主体的
神の視点⇒	ゲームクリエイター創造主	楽しむだけ

神の視点⇒	ゲームクリエイター創造主	楽しむだけ
主人公の視点⇒	人生ゲームの主人公	主体的
キャラクターの視点⇒	人生ゲームの登場人物	受動的

他者（あなた）

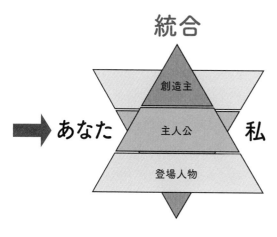

出典:「あなたが宇宙の創造主」

一瞬で次元を上げる方法

〜創造主として生きる〜

1. 受動的な態度をやめる

2. 主人公として生きる

3. 依存せず主体的になる

4. すべてに感謝する

5. 創造主として目覚めながら生きる！

Point

創造主として目覚めながら生きるとき、悩みや一見ネガティブな出来事でさえ自ら望んだ体験であった、とすべてに感謝し生きることができます。その時、意識の次元は上がり、より軽く喜びに満ちた世界をあなたは生きはじめます。

宇宙と波動の法則とこのワークについての無料の補足動画をご用意しました。右の二次元コードからLINE登録してご覧ください！

～ おわりに ～

永遠につながる
ご縁に感謝

　人間を構成しているのは、ミクロの「素粒子」です。

　人と人が出会い、お互いの2つの素粒子が一度関係を持つと、2つの素粒子はどんなに遠く離れても、1つの素粒子はもう1つの素粒子に影響を及ぼすことになります。

　それは、光の速さを超えて瞬時につながり、時空を超えて現象化します。

　この不思議な現象を量子物理学では「量子エンタングルメント」と呼びます。

　一度、意識がつながった人との「エン」（縁）は消えることなく永遠につながり続けるのです。

一生に一度、一期一会の出会いであっても、それは永久にエネルギーとしてつながり続けます。

　大切な人に感謝してみてください。
　その思いの波動は時空を超えてきっと伝わります。

　この本を通してあなたと出会ったこのご縁に感謝いたします。
　ありがとうございます。

　　　　　　　　　　　　　　　　　　市村よしなり。

一度縁を結んだ素粒子同士は
永遠に影響しつながり続けるのが
「量子エンタングルメント」。

～もっと波動の法則を活用できる～
読者特典
３大特典プレゼント

あなたへ贈る「波動の法則〜実践法」
本書を活用するために、著者による

1.「波動の法則」特典音声

2.「波動の法則」特典動画

3. 波動ワークショップの無料参加券

３大特典を以下の二次元コードからの
無料 LINE 登録でプレゼントします。
特別プレゼントはこちら

上記二次元コードが読み込めない方は

https://lin.ee/Y8u91ee

よりご登録ください。

Profile

市村よしなり。

未来創造コンサルタント。3 歳から瞑想をする。10 歳の時、父親の事業失敗により一家夜逃げを経験し、小学生でIT 関連の事業を起業。現在は、国内外で複数の法人を運営しながら、LINE や YouTube、インスタグラムなどの各種SNS で、気づきと目覚めのきっかけとなる情報を毎日発信。また、「スターシード☆オンラインサロン」「未来創造サロン」「波動の学校」などを通じ、宇宙的マインドを持つ新しい時代の人材を支援・育成している。著書に『あなたが宇宙の創造主 地球で生きるスターシードたちへ贈るメッセージ』（VOICE）、『オンラインサロンの教科書』（ゴマブックス）、『AI 時代の「天才」の育て方』（きずな出版）、『売れる！魔法のアイデア 7 パターン 39 の法則』（Clover 出版）、『人生で大切なことはみんな RPG から教わった』（バジリコ）、『こもる力』（KADOKAWA）など多数。

LINE 公式アカウント→

Special Thanks To:

伊藤てんごく。様

故　江本勝 様

株式会社 I.H.M. 様
吉野内聖一郎 様

「波動の学校」
「スターシードサロン」
「未来創造サロン」
「No1 経営者会」

～応援いただいた素敵な皆さま～

akiko yamagishi、ハピハピサッチー、道原芙沙子、猫田猫、早川真理、荒木ひろえ、湯本枝里子、松嶋多美子、Sumie☆、Yogine Gargi（hitomi）、くろさん、志歩崎原、アメキヨ、黒木ユキ、Toshimi McHugh-Yagi、白石和子、Yucco、太陽の子、hanahana、HareHare、Tsuchimoto kaho、もりもりゆうこ、cranberry♪、後藤洋子、Kaomaron、ますひろ、がおちゃん、ema、船田康江、小林佑実、MAYUMI、shinobu miyamoto、いとうしょうこ、モモネコ、近藤淳香☆JUN☆、relief888、にゃんとろ星人、高月理恵、星乃灯、sonomi kagemori、Yuko Hiramatsu、ニノアキ、松本幸子、けいちゃん、『ゆみねぇ』、田中俊幸、MAAYA（マーヤ）、ひらく、chienna、魔法猫ルイ by 月野瑠華、みちこバーバ、mayuko、Satoko Takada、しょうちゃん、ゆかりんご、斎藤仁美、みーぽん、無農薬のプチトマト、石川りか、ミヨ、草香みげん、はなぴあ、千間正美、奥田尚子、小山内弘美、椿よしえ、敬ちゃん、チャー子、HEARTFUL PIANO、西尾愛、鈴木盛雄、dori、西久保仁美、新井良和、kei鹿蝶風月、肥後江身子、AM、加代子、遠藤みおこ、トネリコ瑞穂、祐里、奈良岡香子、森屋まさてる、junco kikuti、まりっくす、橋本陽子、愛子、mizuho、Yuzuru Oka、みっちゃん、竹内記代、神ちゃん、あっちゃん、永渕ゆかり、カスタネット、まゆまゆ、瀬口加寿子、SATOMI.YOSHI☆、amiruすみこ、深海魚ますちゃん、クリスタルSATOKO、マルス.あきえる、よーぴー、ふせゆみ、YOSHIE.N、若林史恵、渡辺しずか、Chanoyu Vicenza / Makiko Wakita、メニー、土田伸子、北野和恵、金田めぐみ、マヤ使いちえ、浅田美愛子、山北由理、あきりん、めるぴーRisap、デュオン、長嶋みちる、auraviola yukiko、斉藤幸子、勝木信子、渡部隆一、みっぴょん、リュウキ、北島三暉、竹炭ケンちゃん、松原奈保子、マミーちゃん、山手悦郎、神免みさよ、毛利伸彦、保科 yoko、takayuki suzuki、Yuko Narasaki、緑川mihoko、ikeda 寿美、代田miho、藤本hitomi、本山yuko、YASUYUKI KATO、竹内naoko、林田kayo、砂川.k、磯部.m、石塚yuko、shimizutomoko、吉田.m、谷川たくみ、togo.m、kanda.m、土岡、寺澤.t、寺山.r、小池スターtetuya、Noriko Kato、吉田美樹子、taron、Ran、ファルコン、Tomoyuki Ebata、muroi、takahashi、matumoto、yuta.yoshioka、石和実、よしりん、江本博正、大木義昭、Karma Kana、Greg Sullivan、渋谷文武、山本時嗣、rich、nanami、akina、ken honda、下野裕子、久仁明、kaneo.i、akiko.i、mitue.k、まほ歌、心乃、純子。

あなたの願いが叶う波動の法則

2023 年 8 月 15 日　第 1 版第 1 刷発行
2024 年 12 月 10 日　第 1 版第 2 刷発行

著　者　　　市村 よしなり。

編　集　　　西元 啓子
校　正　　　野崎 清春
作　図　　　（有）アニー
デザイン　　小山 悠太

発行者　　　大森 浩司
発行所　　　株式会社 ヴォイス　出版事業部
　　　　　　〒 106-0031
　　　　　　東京都港区西麻布 3-24-17 広瀬ビル
　　　　　　☎ 03-5474-5777 （代表）
　　　　　　📠 03-5411-1939
　　　　　　www.voice-inc.co.jp

印刷・製本　　映文社印刷 株式会社